# 半醉半醒半浮生

## 纳兰性德 传

端木向宇 著

北京理工大学出版社

版权专有 侵权必究

### 图书在版编目（CIP）数据

半醉半醒半浮生：纳兰性德传 / 端木向宇著. —北京：北京理工大学出版社，2019.2

ISBN 978-7-5682-6529-4

Ⅰ.①半… Ⅱ.①端… Ⅲ.①纳兰性德（1654-1685）—传记 Ⅳ.①K825.6

中国版本图书馆CIP数据核字（2018）第295105号

出版发行 / 北京理工大学出版社有限责任公司
社　　址 / 北京市海淀区中关村南大街5号
邮　　编 / 100081
电　　话 / （010）68914775（总编室）
　　　　　（010）82562903（教材售后服务热线）
　　　　　（010）68948351（其他图书服务热线）
网　　址 / http://www.bitpress.com.cn
经　　销 / 全国各地新华书店
印　　刷 / 三河市冠宏印刷装订有限公司
开　　本 / 889毫米×1194毫米　1/32
印　　张 / 8.25　　　　　　　　　　　　责任编辑 / 闫风华
字　　数 / 168千字　　　　　　　　　　　文案编辑 / 李文文
版　　次 / 2019年2月第1版　2019年2月第1次印刷　责任校对 / 周瑞红
定　　价 / 39.80元　　　　　　　　　　　责任印制 / 施胜娟

图书出现印装质量问题，请拨打售后服务热线，本社负责调换

## 目录 • Contents

引言　此生『情深不寿』＼001

### 第一章
### 富贵花错落人间

明开夜合花＼008
腊月生冬郎＼015
词人伤心事＼026

### 第二章
### 此情此愿只一人

世间痴情种＼038
少年情初开＼044
清风思玄度＼052

## 第三章 多情自古原多病

公子体多病 / 058

才情损韶华 / 066

黯然以自伤 / 073

## 第四章 夫妻不在乎贵贱

天涯知己谁 / 082

婚后琴瑟合 / 089

侍卫愁怨多 / 095

## 第五章 生死阻隔孟婆汤

西风吹冷月 \ 104

梦境皆虚幻 \ 108

佛前伴青莲 \ 116

## 第六章 小楼东风话师恩

勤耕一亩田 \ 128

座师风波起 \ 133

世事无常计 \ 138

## 第七章 半醉半醒半浮生

忆渌水亭欢 \ 148

故友遇知恩 \ 158

愁时又忆卿 \ 168

## 第八章 戍边荒沙且思虑

相思风雨中 \ 178

惆怅无依客 \ 187

天涯孤旅人 \ 192

## 第九章 欲说还休愁愁愁

哀感饮水词 / 202
父命弦再续 / 208
一言九鼎人 / 214

## 第十章 再也回不去从前

江南夜婆娑 / 226
可奈今生殇 / 234
无尘绝缘去 / 240

附录一　纳兰性德年表／248

附录二　参考书目／254

# 引言

## 此生"情深不寿"

夜深人静，华丽的雕梁上，燕子熟睡着。人们都已进入了梦乡，只有月光悄悄安抚着大地，照亮了白色的高墙。在清辉之下，无法分辨院中的花影。月下，有一个人无法入眠，任凭月光洒落一身。这人就是纳兰性德，他总是这般独坐窗台，孑然影孤。

相传，17世纪的京城，不仅是康熙大帝的，也是纳兰性德的。一位是雄韬伟略的英主，另一位是诗才俊逸的一等御前侍卫。

纳兰性德出身贵胄，满洲正黄旗人，父亲是一代名臣纳兰明珠。可以说，纳兰性德拥有令全天下男子都艳羡的财富与门第，然而置身于朱门广厦之中的纳兰性德，却总是游离于繁华喧闹之外。他无心功名利禄，一心向往自由，渴望饮酒作诗、无拘无束的生活。

纳兰性德有三段不堪的爱情苦旅。一生用情极深的他，对生命中先后出现的初恋表妹、爱妻卢氏、情人沈宛倾尽了所有的爱，可是有情人却终难眷属，空余一场无望的追忆和一番彻骨之痛。三段旷世爱情让纳兰性德的一生充满了疏淡冷寂的味道。

当年，在明珠府的花园里，唤作"冬郎"的纳兰性德有一个最好的玩伴，就是他的表妹。两个孩子一起荡秋千，放纸鸢，对于他们来说，那是一段无比快乐的童年，其中也有朦胧难言的情愫。但就在纳兰性德深隐这种幸福时，表妹却被送入宫中选作秀女。一入深宫，便成陌路。心爱之人就在那道红墙之内，而纳兰性德却一步也迈不进那个禁忌森严的院落。

"生而婉娈，性本端庄。"后来，纳兰性德与卢氏结婚，夫妻恩爱，感情笃深。美满的婚姻生活也激发了纳兰性德的诗词创作。但仅三年，卢氏就去世了。纳兰性德十分悲伤地写下了不忍卒读的《青衫湿·悼亡》。那些离别的泪，挂在了岁月里，朝起暮迟。风中的烛光下，纳兰性德无数次默默地数着春夜里的繁星，恍惚之间仿佛两人又互相依偎，生死不离。

而立之年的纳兰性德，在友人的帮助下，欲纳江南才女沈宛为妾。但她却无法名正言顺地进入明珠府，二人只能保持着没有名分的关系，聚散无常，相思无终极。

一往情深的纳兰性德，偏偏爱情几度遭受重挫。初恋表妹，宫墙深锁；爱妻早亡，后续难圆旧时梦；江南红颜，又聚散无常。

阑珊灯火照不透前世今生，心静冥暗倚窗，观不尽浮生来去匆匆。

他无法摆脱内心深处的困惑与悲伤。对仕途厌倦，对富贵轻看，对家族不屑，凡能轻取的身外之物，他都无心一顾。他只流连于心与境自然和谐的幻象中，写下了如泣如诉的凄美之词——"此情已自成追忆，零落鸳鸯。雨歇微凉，十一年前梦一场！"

纳兰性德将一腔的愁绪倾诉于诗词之中，编选成《侧帽集》《饮水集》《渌水亭杂识》等，为世人留下了一首首缠绵悱恻的绝妙好词——纳兰词。

康熙二十四年（1685年）暮春，面对大喜大悲的坎坷人生，纳兰性德内心苦不堪言，最终为情所累。

他的生命在三十一岁这年戛然而止，犹如苍穹中划过的流星，短暂而震撼。

往事都化成烟雨散去，生命于他是这般的轻，又是这般的重。

长叹此生，"半醉半醒半浮生"。

## 第一章

富贵花错落人间

## 第一章 富贵花错落人间

非关癖爱轻模样,冷处偏佳。别有根芽,不是人间富贵花。 谢娘别后谁能惜?飘泊天涯。寒月悲笳,万里西风瀚海沙。

——《采桑子·塞上咏雪花》

冬日里的傍晚,天黑得特别早。

纳兰性德眯着眼睛,神情忧郁地站于寒风之中,透过浓重的雾气,分辨着雪景中的远近之物。那团团雾气中,有雪花轻轻飘落至他的眼角。只一会儿,雪花落满他的肩头,那轻盈的形态,惹得他喜爱,这雪就好像纳兰性德那颗高洁的心。

如果硬要去承受世间一星半点的纠缠,那么宁愿化为水来结束自己。他将向空中伸出手,接着从天上飘落的晶莹剔透的雪,雪花落入手心,忽地又化为透心凉的水珠。雪花在寒冷时凝结的品质,像极了他不爱热闹，独守孤寂的清欢。

纳兰性德孤身一人站在雪地里，享受着寒夜带来的凛冽之气，用爱怜的目光看着这片片雪花飘然而落。他只是一心在想，此情此景，除自己之外，还有谁会在远方一同关注，只怕自才女谢道韫之后，现在已是无人再怜惜雪花。只落得漂泊天涯，在寒冷的月光和悲笳声中任西风吹向无际的大漠。

纳兰性德爱雪，不在于其轻盈的形态，更在于其在寒处生长，与滚滚红尘中诸如牡丹、海棠的富贵花不同，而是另具高洁品性。而出身于富贵之家的纳兰性德，虽然生活在朱邸红楼中，身为贵胄公子，皇帝近臣的八旗子弟，身上却没有纨绔习气，视富贵似尘埃，视功名如糟粕。他借咏雪而道出自己一生"不是人间富贵花"的感慨。

人世间的荣华富贵，在纳兰性德看来不过是过眼烟云，再多的富贵也比不上他那颗向往自由的心。

第一章 | 富贵花错落人间

## 明开夜合花

在北京,碧波荡漾的后海,曾经见证过无数的风云变幻,其中有一座隐藏在围墙内的绿色低矮的中式庭院,每当秋叶缤纷的季节,这里便笼罩上一层让人着迷的气息,除了墙内的静寂,似乎还有一些凄凉。它位于后海北沿46号,建筑以灰色砖石为主体,充满了古朴之意。

院墙内,秋日的阳光照映着每一个角落,营造出如同仙境一般的环境,如诗如画。这里充满了花香树影,长廊一直连接到住处,一群飞跃围墙的小鸽子在屋顶上惬意地享受着恬淡和喜悦。这真是一个让心灵栖息的好地方。

院中南湖北侧的明开夜合花相传是纳兰性德亲手所植。秋季里,雪白色的花儿已经凋谢,树上结出瘦小的粉红色果实,果实顶端有一个小口,看上去就像女孩的樱桃小嘴,一簇簇地挂在树上,回望着那些不断反复被人提起的,关于纳兰性德的凄美爱情故事。

纳兰性德，字容若，号楞伽山人。他原名纳兰成德，康熙十四年，因皇子保成被立为太子，为了避皇太子的名讳，纳兰成德改名为纳兰性德。不过皇太子保成后又被改名为胤礽，这个避讳也就不存在了。因此，在纳兰性德的书信中，还常会见到其署名"成德"。

顺治十一年十二月十二日（1655年1月19日），纳兰性德出生于北京。他曾说过自己生活在"缁尘京国，乌衣门第"。"缁尘京国"，是指他住在繁华的首都京城，城内每天都是车水马龙，熙熙攘攘，尤其是华灯初上时，一派纸醉金迷的景象。"乌衣门第"，则是指纳兰性德的贵族出身。

今天位于北京后海北沿46号的宋庆龄故居，其前身正是纳兰性德出生和成长的"明珠府"。府中的"自怡园"是纳兰明珠亲自为院子起的名字，进门便是假山。山上轩阁巍峨，金碧辉煌，皆是纳兰明珠按其山势，因其树木而构筑的清风阁、鸳鸯馆、红叶宫、珊瑚阁、霏云馆、大槐宫。其间错落点缀着从南方运来的各种颜色、各种奇形怪状的岩石。山下便是一泓湖水，湖水终年盈满清澈。在水中立着数座朱红明柱、碧绿瓦盖的舞榭歌台，是当年纳兰性德最喜欢的渌水亭。湖岸上植着北方少有的草木花卉，姹紫嫣红，蜂蝶翻飞。尽管渌水亭只是当时明珠府的一个不起眼的小角落，但它却陪伴纳兰性德度过了无数个思念与惆怅的日子。纳兰性德曾经写道：

药阑携手销魂侣，争不记、看承人处。除向东风诉此情，奈竟日、春无语。　　悠扬扑尽风前絮，又百五、韶光难住。满地梨花似去年,却多了、廉纤雨。

——《秋千索》

可以想象,纳兰性德当年伫立在渌水亭前,回忆着与佳人携手,漫步药栏的情景。而眼下,柳絮、梨花依然如昔,伊人却踪影难觅。纳兰将这种思念与感伤述予东风,但却始终得不到回应,进而用"却多了、廉纤雨"的词句来表达其忧伤的情韵。

又是一个春日,纳兰在渌水亭前,手持酒杯,悠然而望,在心有所感之际写道:

垆边唤酒双鬟亚,春已到、卖花帘下。一道香尘碎绿萍,看白袷、亲调马。　烟丝宛宛愁紫挂,剩几笔、晚晴图画。半枕芙蕖压浪眠,教费尽、莺儿话。

——《秋千索·渌水亭春望》

词中上片写春到人间,渌水亭中所见之景,酒肆唤酒,帘下卖花,鸭鹅戏水,岸边驯马,一派春意盎然之象。下片笔锋一转,心绪阑珊,悠闲自在中透露出几许淡淡的愁绪。全篇绕着"春"和"望"二字涉笔,基调清新淡雅,闲静疏朗。

可以说,渌水亭在纳兰性德心中有着举足轻重的地位,那里既是他与朋友聚会的优雅之地,也是他吟诗作赋、研读经史、著书立说的主要场所。纳兰性德曾将自己的著作命名为《渌水亭杂识》,在他的作品中也不乏对渌水亭的描写。

　　　　水浴凉蟾风入袂，鱼鳞蹙损金波碎。好天良夜酒盈樽，
　　　心自醉，愁难睡，西风月落城乌起。

　　　　　　　　　　——《天仙子·渌水亭秋夜》

这首词描摹了渌水亭的秋夜景色。面对如此良宵，纳兰心头泛起如水波般绵延不绝的愁绪。他以自然之眼所看到的物及笔下所流露出的情，多以悲凉为主，这种悲凉与纳兰性德在人世、官场中所经历的各种纠葛有着密切关系，也与纳兰性德甜蜜却又短暂的爱情有着直接联系。在获得与失去间，他无力反抗，只得听命于上天的安排，这也是导致他悲情人生的主要原因。

以"我是人间惆怅客"自居的纳兰性德，在这明开夜合花下，留给后人太多的遗憾和谜团。

在北京海淀区稻香湖景区的翠湖北岸曾有一座"明府花园"，可算是纳兰性德的别墅，纳兰家族祖墓也在这附近，纳兰性德死后就埋葬于此。墓园现已痕迹无存，此地如今已建成"纳兰园"，其中的纪念馆里还陈列着纳兰性德的史迹和资料。

纳兰性德的父亲是康熙朝的重臣纳兰明珠。明珠历任内务府总管、刑部尚书、兵部尚书、都察院左都御史、武英殿大学士、太子太傅等要职，爵位尊崇，在当时是一人之下，万人之上，甚至可以用权倾朝野来形容。他是协助康熙皇帝运筹帷幄的股肱之臣，又是精通满

汉文化的大学士，还曾经充当经筵讲官，专门给康熙帝讲授儒家经典和汉族文化，一度受到康熙帝的信任和倚重。

追根溯源，纳兰明珠的先祖原是蒙古人，姓土默特氏，后征服了女真的那拉部，占其领地，遂以那拉为姓。"那拉"在汉语里是"太阳"的意思。"纳兰"是"那拉"的另一种汉译。明朝初年，那拉氏主要居住在今天黑龙江省的嫩江、拉林河、呼兰河和松花江的交汇地带。后来部族人口越来越多，遂向南方扩张，迁居于叶赫流域，号"叶赫国"。这个家族，按照女真人的习惯在姓氏前冠以地名，因此称为叶赫那拉氏。

明初时，满族的前身女真族分三大部：建州女真、海西女真和野人（东海）女真。叶赫部为海西女真的一部分。当时势力较大的建州女真以爱新觉罗·努尔哈赤为首，逐渐成为几个大部族中最强大的一支，海西女真为向建州女真示好，将年仅十四岁的孟古格格，也就是金台什的妹妹，嫁给时年三十岁的努尔哈赤。孟古格格为努尔哈赤生下了皇太极，即其后的清太宗。因而，纳兰氏族与清皇室有姻戚关系。但是，为统一女真，努尔哈赤还是发动了兼并战争，万历四十七年（1619年），努尔哈赤攻伐叶赫，纳兰明珠的祖父金台什战败后自焚未成，被绞杀。纳兰明珠的父亲率领叶赫部投降努尔哈赤，被授予佐领官职。

皇太极建立清朝以后，追尊母亲孟古格格为孝慈高皇后。纳兰明珠的祖父与康熙的曾祖母是亲兄妹，他后来还娶英亲王阿济格之女，论辈分成为康熙皇帝的堂姑父。基于这层关系，加之其自身的勤奋和才华，纳兰明珠先后担任了内务府总管和武英殿大学士等职务。他因力主削藩而深受康熙的重用，在长达二十年的时间里为康熙立下了汗马功劳。不仅如此，清朝有许多重要典籍都是由纳兰明珠主持编撰修订的。

纳兰性德的母亲觉罗氏，即英亲王阿济格的第五女，是努尔哈赤的亲孙女、皇太极的侄女儿，被诰封为一品夫人。无论是父系还是母系，纳兰性德都是出身贵胄的名门公子。

虽然出身显赫，但纳兰性德的作品却多表现为忧郁寡欢。究其原因，不外乎"多情"二字。他的词处处表现出"孤独"和"敏感"。有人统计，在他留世的348首词中，"愁"字出现了90次，"泪"字出现了65次，"恨"字出现了39次。可谓满卷皆是凄凉语。

"知君何事泪纵横。"为什么含着金汤匙出生的纳兰性德对自己的生活拥有诸多不满呢？这就不得不联想到他出生的家庭以及个人的命运。

纳兰性德生性文静内向又体弱多病，后来却成了康熙帝的贴身侍卫。善于妙笔生花的他，偏偏要舞刀弄枪；空有一腔报国心，却始终无缘战场。在爱情上，纳兰性德也是一波三折，知己难求，有情人终不能长相厮守。

纳兰性德是幸与不幸之人。他拥有许多人所渴望的社会地位和物质生活，但在仕途、爱情、友情上却有着不一般的体验，他的思想一直在矛盾中纠结，他的人生从未真正获得自由。所有这些造成了纳兰性德的悲剧意识，加之当时文学创作的悲情倾向，这种悲剧意识便挥之不去。

纳兰性德的词是他亲身经历的反映。所谓"家家争唱饮水词，纳兰心事几人知"，他的词，愁心漫溢，深情幽婉，究竟是怎样的人生，才让他的作品处处充斥着一种不被理解的苦闷？这份与生俱来的惆怅，应该从他的小时候说起。

## 腊月生冬郎

顺治十一年腊月十二,天寒地冻的京城,白雪已经封住了城门,道路上铺了一层厚厚的冰雪。瑞雪兆丰年,这应该是一个吉祥的预兆。

就在这年的年初,当带着寒意的西风吹进京城时,寺里依旧香火袅袅,这里的住持大师不热衷操办法事,也不鼓动香客们布施供养,而只是讲经、说法和发表高论。他说:"如果要完成自己的心愿,一定要用实际行动,不能贪图便捷而不思进取。"

住持成了寺里最不能让人理解的和尚。善男信女们到佛祖面前,求的就是心安理得,但得到的回复却是"佛祖帮不了世人"。虽然这位住持对佛家经典如数家珍,对清规戒律严以苛守,对自己的修行自信满满,但他违反常规的言论,始终不能令大众信服。

不过有一位青年却是个例外,他在门外烧了一炷香后,就站在人群之外,安静地想着心事。他略带文气的脸上依稀透着一股蒙古人的

## 第一章 富贵花错落人间

英气，眉宇间掩饰不住一丝喜悦和淡淡的焦灼。这位青年就是还未满二十岁的纳兰明珠。

终于等到可以单独见寺内住持，纳兰明珠急不可耐地说："我妻子刚有了身孕，想请大师取个名，可否？"

主持捋了一下衣袖，并未直接回答他。

纳兰明珠于是追问道："大师？"

"《易经》有云，君子以成德为行，日可见之行也。"主持轻声说道，"人不过是副皮囊，但名字好坏能成就人生。"

纳兰明珠听后连连感谢主持："大师所言，君子的行为是以完成品德修养为目的，需要每天注意自己的行为举止。是这样的意思吗？那希望夫人能产下一个儿子，这样我就能依照大师之训，称名'成德'。"

纳兰明珠的夫人觉罗氏，在明珠府未足十月，便生下了一个男孩，为纳兰明珠家添了个男丁。纳兰明珠日夜企盼妻妾们能为自己生下儿子的心愿，现在可算达成了。他看了看躺在床上的妻子，她正疲惫地对他微笑。这个能带给他荣耀的女子，也给他带来了荣华富贵，还给了他一个无比的欣喜。

纳兰明珠从觉罗氏手上接过儿子，小心地抱在怀里，看着他熟睡的样子不禁喜上眉梢。"这孩子长得眉清目秀，皮肤白嫩。就给他取名'成德'吧！"

觉罗氏此时比纳兰明珠还要高兴，不仅是为纳兰家延续了香火，而且"母凭子贵"，她自己的家族地位也将得到提高。听到明珠的话后，她回应道:"好,既然成德是腊月生的,小名就叫他'冬郎'吧!"

小冬郎自幼乖巧,刚满周岁就学会了走路。三岁的时候很淘气,喜欢"骑马",常常找一根木棍儿,骑在胯下,一头儿握在手里,一头儿拖在地上,院里院外兴致勃勃地到处跑。

暮春时节,看落花满阶。有着欢乐童年的冬郎,浑然不知自己今后的命运——他在金装玉裹的锦绣堆中茫然四顾,纠结于理想与现实之间,无法左右自己的人生。他的苦是心忧而不欢。只是童年时的他,还未体会到人世间生离死别的痛。

天下父母无一不望子成龙。自古到今,上至皇侯贵族,下到街角小贩,对自己的孩子都同样有所期望。从冬郎五岁起,纳兰明珠就开始了对他的培养。依《啸亭杂录》所言,纳兰明珠"好书画,凡其居处,无不锦卷牙签,充满庭宇,时人有比以邺架者,亦一时之盛也"。他希望冬郎也能像他一样通晓满汉文化,甚至要比他做得更好。

纳兰明珠为儿子请来了丁腹松先生。丁腹松少年时就开始学诗,曾就学于黄宗羲,问诗于钱澄之。他游学于大江南北,学识渊博,满腹经纶,家中虽不富贵,但生活也算美满。丁腹松一连接到三封纳兰明珠的亲笔聘书,盛情难却,便来到明珠府执教。

丁腹松是通州人,博学能文而性格狷介,不入俗也不善变通,三十岁考中举人,而后屡试不中,只能赋闲在家。爱才的纳兰明珠请他为纳兰性德讲课,这位老师便十分严格地要求纳兰性德,并不因为他是贵公子而有所松懈,经常督促训责。纳兰明珠见丁腹松对自己的孩子这么负责,也就更加敬重他。

最初,丁腹松选了《三字经》教纳兰性德,每天只教四行十二个字。由于纳兰性德记忆力极好,念过两遍就能背下来,于是丁腹松每天就多教几句。不到两个月,纳兰性德就能把整本《三字经》一字不错地背诵下来。然后,丁腹松又选《百家姓》《千家诗》教他。纳兰性德学得勤奋、用心,很快就把这两本书背得滚瓜烂熟。丁腹松很满意他这个聪颖过人的小门生。

一晃儿半年过去了,纳兰明珠一直惦记着儿子读书之事。一天,他来到书斋问及小儿念书的情况。丁腹松见了纳兰明珠,甚至忘记了请安,张口就夸奖这孩子读书勤奋,又肯吃苦,从小看大,将来必是个栋梁之材。纳兰明珠听了心中十分宽慰,便把儿子叫到面前,抽查他学过的功课。纳兰明珠顺手从案头上抄起《千家诗》,翻到朱熹的《观书有感》,让他背诵。

纳兰性德张口就背道:"半亩方塘一鉴开,天光云影共徘徊。问渠那得清如许?为有源头活水来。"听完儿子的背诵,纳兰明珠又从诗中选出几个笔画较多的字来,让他默写。纳兰性德都能一字不差地写出来。接着,纳兰明珠又指定十多首诗让儿子背诵,他都一一背了下来。

纳兰明珠心中大喜,站起身来向丁腹松双手抱拳说:"冬郎学业成绩很好,只因先生教导有方,不负重托。日后还望先生对他严加教诲。"然后,纳兰明珠和丁腹松商量,下一步要选哪几部书教纳兰性德。临走时,纳兰明珠还说了一番勉励儿子刻苦学习的话。

没过几年,纳兰性德便掌握了近体诗的写法,熟悉了平仄音的错综变幻,背熟了唐宋汉字在韵谱上的发音,还能流畅地使用古语,可以无拘无束地抒写诗人的想象力。当他读完《论语》《孟子》《大学》《中庸》四部书之后,便开始读《诗经》。酷爱诗词的他,每天完成功课后都找一些唐诗、宋词来背诵。唐代李贺、李商隐的诗,宋代苏东坡、陆游的词,他都读过,有些名篇还能倒背如流。对于南唐二主的词,他简直爱不释手,读了一遍又一遍。他甚至将李煜词牌相同的作品摆在一起,对照着研读,从中探索它们各自的长处。

纳兰性德十岁能填词是晓谕京城的。但那些词中的凿凿之言从一个稚子口中吟出,总是会让人产生怀疑。

> 星毯映彻,一痕微褪梅梢雪。紫姑待话经年别,窃药心灰,慵把菱花揭。　踏歌才起清钲歇,扇纨仍似秋期洁。天公毕竟风流绝,教看蛾眉,特放些时缺。
> 　　　　　　——《梅梢雪·元夜月蚀》[①]

纳兰性德在这首词中说,京城的元宵之夜到处都是星星点点闪烁花火的球状烟花,梅梢的积雪竟在这一夜里微微地融化了一些。紫姑正欲与人倾诉多年的离情别绪,嫦娥却懊悔着当初偷了仙药独上月

---

[①] 词牌名汪刻本作"一斛珠"。

宫,不愿揭开镜面见人,所以月华被深深地掩住了。但驱逐天狗的铜锣声很快就停了下来,月亮又露出脸来。地上的人们手拉着手,脚踏着节拍,再次把歌声唱响,天上的月亮也恢复了七夕时的明艳皎洁。都是因为天公的风流,为了看一眼月儿那弯弯的蛾眉,才特地制造了这一次的月食。

《纳兰丛话》(续)中记载:"清康熙三年(1664年)甲辰,陈维崧作《宝鼎现·甲辰元夕后一日次康伯可韵》词,题注云:'是岁元夜月食。'黄天骥①据称:'纳兰性德一生,逢元夜月食唯此一次,故其《一斛珠·元夜月蚀》词必作于康熙三年。'又说,'是年性德十岁,《一斛珠》为性德可考知之早年之作'"。而《通志堂集》中载,元夜月食词二阕诗一首,十岁童子竟能连赋诗词数首,颇难置信。《一斛珠·元夜月蚀》词又有"窃药心灰"语,则必非十龄孩童之口吻。

那时,纳兰性德还写了一首《上元即事》:"翠毦银鞍南陌回,凤城箫鼓殷如雷。分明太乙峰头过,一片金莲火里开。"大意是,元宵节这一天,纳兰性德戴着翠绿羽毛装饰的头盔,骑着装有银鞍的骏马,驰骋在南郊。傍晚他回城的时候,发现京城之中箫鼓之声雷动震天。此时,满城都点起了彩灯。那情景,仿佛是自己正从太乙真人所居的太乙峰上经过。火光之处,便是太乙峰上的金莲。

无论是叙事还是描写,这首诗都堪称学生诗中的佳作。更关键的

---

① 黄天骥,1935年出生于广东省广州市,中山大学中文系教授、博士生导师;国家古籍整理出版规划小组成员。

是，这位小小少年，已经知道了"翠耗"为何物；秦穆公之女弄玉吹箫，令凤凰落于京城的典故，他也知晓；还了解太乙真人在太乙峰上用莲藕给哪吒重塑肉身的故事。小小年纪就能写出如此生僻的字词，且要用典，可见其读书所用功夫较深。

看着这样的诗句，想必纳兰明珠是得意的。儿子不仅继承了他的才学，更有超过他的势头。这不禁让他想起了李商隐称赞韩偓的那一句"雏凤清于老凤声"。韩偓十岁时，在为李商隐送别的宴席上，即兴赋诗，才惊四座，李商隐由此生发出这种感叹。后来，此诗句常常用来形容少年神童。更巧的是，韩偓的乳名也叫"冬郎"。

纳兰性德是出了名的天资聪颖，读书过目不忘。十二岁时，他已经读完了《诗经》《书经》《易经》等经典著作，接着又开始读《春秋》等书。一个十几岁的少年能够静下心来如此钻研，也实在难得。更重要的是，这些都出自纳兰性德的爱好，而非强迫。因为他是旗人，所以骑马、射箭也是必修的功课，虽然从小体弱多病，但是他同样学得非常好，可谓是文武双全。由此可见，纳兰性德要成为父亲眼中的不世之才，也只是时间问题。

尽管纳兰性德对八股文没有特殊好感，却免不了要在科举仕途上继续奋斗下去。所谓"补诸生，贡太学"。十七岁的纳兰性德在风声、雨声、读书声的陪伴下，通过了繁复而严苛的考试，进入了顺天府学，与汉生学员同堂学习。这段学习经历使得他对汉文化有了进一步的认识，在学习正统的儒学文化中，纳兰性德与汉文化结下了不解之缘。有一天他学到《仪礼·士冠礼》，其中有一句话："弃尔幼志,顺尔成德。寿考惟祺,介尔景福。"这是古代贵族子弟举行成人礼的祝词,意思是说:在这个良辰吉日里,为你加冠,表示你已经进入成年。希望你从此以后抛弃童心,谨慎地修养成人的品德,这样就可以顺顺利利地得享高寿和洪福。

纳兰性德把这句话悄悄地记在笔记里,也许他是想要提醒自己抛弃童心,像一个成年人那样遵守纲常秩序,以求得洪福高寿。但在世人眼中,纳兰性德始终像一个纯真的孩子走在命运的丛林里。

成年后的纳兰性德,自取表字容若。行冠礼,唤表字,在古代是成年的开始。于那时而言,表字的意义甚至比父母赐予的名字还要深远。容若的寓意在于正义外容认旁义,这也是释义儒家思想以外,还有其他智慧的信仰。

从顺治八年(1651年)到康熙十五年(1676年),清廷对旗人子弟参加科举的态度一直反反复复。时而鼓励英才学文,时而又强调不可因文废武。康熙十年(1671年),清廷议准满、蒙、汉军旗均可从旧生员内推荐两名到国子监。纳兰性德有幸得到了这个静心研习的机会。

"科甲之道,方为正途。"国子监的学生,每三四日便有一次巧立名目的考试,学习任务非常繁重,但在紧张学习的同时,纳兰性德也结识了一些志同道合的朋友,如张纯修、韩菼、翁叔元等人。并得到了国子监祭酒徐元文的赏识。

十八岁时,纳兰性德参加了乡试并中举。当时"同举之士百二十有六人,相与契合者数人而已。"可见考试的残酷程度。按照当时的习俗，新科举子们要参加鹿鸣宴以拜考官和会同年。

"呦呦鹿鸣，食野之苹。我有嘉宾，鼓瑟吹笙。"着绿袍，踏青靴，自唐代流传下来的鹿鸣宴是无数白头童生梦寐以求的聚会。可是对于十八岁的纳兰而言，鹿鸣宴的紧要之处只在于可以亲自拜会乡试的副主考——徐乾学。

"二十余年朝宁上，九洲谁不仰龙门？"当时的京师，书卷气最浓的就属这徐乾学的府邸了。徐乾学与他的两位幼弟（徐元文、徐秉义）并称"昆山三徐"，是名满天下的江南才子。明末清初学者顾炎武[①]是他们的舅父，徐乾学自幼蒙受舅父的指拨，家中还藏有顾炎武《日知录》的部分手稿以及很多学术著作。因此，徐乾学在治学观念上受顾炎武的影响极深。而这种影响，后来又传到了纳兰性德身上。顾炎武提倡"笃志经史"，而纳兰性德在徐乾学的教导下晚年亦笃意于经史。纳兰性德所编的《渌水亭杂识》，也带有一些《日知录》的影子，从中可以窥见顾炎武的思想轨迹。

徐乾学还是慧眼识人的伯乐，若不是他将那份已经不予录取的落卷重新评定，与纳兰性德同年参加乡试的韩菼不知要躲到哪个角落独自愁闷，更没有日后风光一时的状元郎了。

鹿鸣宴上，纳兰性德"偕诸举人青袍拜堂下"，其闲雅的举止给徐乾学留下了深刻的印象。三日之后，纳兰性德再次登门拜访。凭借多年读书的积累，面对徐乾学提出的经史源委及文体正变问题，纳兰

---

[①] 顾炎武，明末清初的杰出的思想家、经学家、史地学家和音韵学家，与黄宗羲、王夫之并称为明末清初"三大儒"。学者尊称其为亭林先生。

性德侃侃而谈，从容自若。对此，徐乾学不禁发出"老师宿儒有所不及"的感叹。

第二年，本已一路顺风地走到了科举的最后一站，上天却与十九岁的纳兰性德开了一个玩笑。就在殿试前几日，纳兰性德与一场寒疾不期而遇，他也因此失去了殿试的机会，只能再苦等三年。这三年有一千多个日夜，不长不短的时间，有一点不明不暗的希望，他拖着病怏怏的身躯，在倒春寒的清冷空气中不知进退。本该红袍玉带的纳兰性德却只能身着一席素衣，空望窗外赭白青黄的回廊下碧溪流水，微叹时运不济。

晓榻茶烟揽鬓丝，万春园里误春期。
谁知江上题名日，虚拟兰成射策时。
紫陌无游非隔面，玉阶有梦镇愁眉。
漳滨强对新红杏，一夜东风感旧知。

——《幸举礼闱以病未与廷试》

纳兰性德想到别的新科进士可以风光地登上金銮殿，而自己却不能，由此增添了许多愁绪。虽然未能参加考试的遭遇让纳兰性德深感遗憾，但他也因祸得福。他拜时任翰林院编修的徐乾学为座师，"益肆力经济之学，熟读通鉴及古人文辞"，并参与编写《通志堂经解》。《通志堂经解》是清代最早出现的一部阐释儒家经义的大型丛书，收录先秦、唐、宋、元、明经解138种，纳兰性德自撰其中两种。

在编书的过程中，纳兰性德自请"捐资"，用于置办纸、墨和刻印工具以及组织刻工队伍，还拜托好友替他四处寻找、搜集各朝各代的经解抄本、古籍。在众多师友的讲授指点下，只用了短短两年的时间，纳兰性德就完成了这部儒学汇编的校订工作，并因此得到了康熙皇帝的赏识。

后来，他又把搜读经史过程中的见闻和学友传述记录成文，编成《渌水亭杂识》，其中包含历史、天文、地理、历算、音乐、文学等方面的知识。书中的一些内容还表明了纳兰性德先进的治学思想：一是主张博览群书，不囿于一家；二是对一些历史人物和事件进行品评，提倡忠君尽节。最为先进和难能可贵的是，纳兰性德还在著作中介绍了西方的科学技术。比如，他认为西方的龙尾车和恒升车等农业机械要比国内的故有之器"便易"许多，更有益于农事。由此可见，他还相当关心百姓疾苦，具有饱满的政治热情和社会责任感。

可以说，《渌水亭杂识》是满族笔记类作品的扛鼎之作，更是清朝贵族学习汉族文化的一个历史记录，也在侧面证明了纳兰性德在学习汉族文化时的用功之深，悟性之高。

由此可见，当时的纳兰性德有着远大的抱负和卓越见识。他要将银河水引下来，将天地冲洗一遍，气势如虹，满是少年壮志、书生豪气；他要做一个顶天立地的仕子，为大清朝建立一番功业。

第一章 | 富贵花错落人间

## 词人伤心事

在因病缺席殿试后,纳兰性德为了他的鸿鹄之志,比别家的公子多付出了许多。秉烛夜读成为了他的习惯,在一千多个深夜里,纳兰性德熟读了《资治通鉴》和其他众多典籍著作,就连学识渊博的恩师也不得不赞叹他已学有所成。

与此同时,纳兰性德也十分关心国事。他从来访家父的幕僚们口中听闻"罗刹"不时侵犯东北边境,黎民百姓惨遭涂炭,便在心里深深埋下了忧国忧民的种子。他希望自己有朝一日,也能跨上战马奔赴北疆,驱逐犯边的"罗刹"以报效国家。

康熙十五年(1676年),二十二岁的纳兰性德补行殿试,中二甲七名,赐进士出身,后被授予三等侍卫,由此走向了仕途。尽管显赫的出身和出色的才学,使纳兰性德颇受康熙皇帝的赏识,但看似一路坦途的官路,他却走得并不顺畅。

纳兰性德当侍卫的第一个重要任务是护卫康熙皇帝参加祭天大

典。因帝王自称"天子",所以对天地非常崇敬,每一个皇帝都把祭祀天地当成一项非常重要的政治活动。

康熙由宫中外出时,摆列大队仪仗,最前列的是四头大象,叫作导象,后面跟五头大象,叫作宝象。宝象身披珠宝做成的垫子,上面还要背上宝瓶,宝瓶里放着火绒、火石等,这是满洲旧俗中的必需品,祭祀时抬出来,以示不忘本。随后是乐队,然后是金辂、玉辂、象辂、革辂、木辂五种车辇,再后面是百人乐队。最后才是皇帝的队伍,浩浩荡荡,绵延数里。

《大清律例》中明文规定:"每逢祭祀,于陈祭器之后,即令御史会同太常寺官遍行巡查,凡陪祀执事各官,如有在坛庙内涕唾、咳嗽、谈笑、喧哗者,无论宗室、觉罗、大臣、官员,即指名题参。"因此,随祭人员无一不诚惶诚恐,胆战心惊。

所谓"国之大事,在祀与戎",祭祀甚至比用兵还重要。统治者靠它垂范天下,教化民众,约束官员。祭奠的程序依次分为迎帝神、奠玉帛、进俎、行初献礼、行亚献礼、行终献礼、撤馔、送帝神、望燎等。为了达到其宣扬神权以维护皇权的目的,要求相关人员,不得有任何差错,否则要予以严惩。

纳兰性德担此大任,自是不敢有一点闪失。但祭典上有一件事却让他事后久久无法释怀。祭祀完毕后,按照传统,祭神的肉会被分给大臣、侍卫们食用,这叫"受胙"。但这却是令大臣们苦不堪言的一个环节,祭肉以白水煮成,不加盐酱以及任何调料,让人难以下咽,但祭肉又必须在现场食用完,于是随同祭祀的官员,要么摆出一副吞咽祭肉的样子,实际上却把祭肉悄悄地藏进袖筒,要么特意带上一张油纸托着祭肉,好像格外恭敬似的,实则那张油纸上早就浸过了调料,吃祭肉的时候可以偷偷地舔舐这张油纸。

纳兰性德见此情景,心中不由深感失望。在皇帝的眼皮底下,那些大臣宁愿犯欺君之罪,也不肯吞噬一块祭肉。那么在朝廷中,不知道还有多少人会为了自己的"舒心"而做着欺上瞒下的勾当,不知道还有多少自己看不见的阳奉阴违、尔虞我诈。

让纳兰性德倍感失望的还有他的家庭。

纳兰性德的母亲觉罗氏是英亲王阿济格的第五个女儿,她与纳兰明珠成婚时,纳兰明珠不过是个小小的大内侍卫。阿济格虽然曾被册封为英亲王,在最显赫的一字王之列,又授靖远大将军,平定过李自成,迫降过左梦庚,但错在太过张扬又毫无城府,最后在权势斗争中落败,被收监赐死,革除宗籍,抄没家产。因此,觉罗氏的下嫁并没有给纳兰明珠带来多大的利益。纳兰明珠是凭借自身的勤奋和才华,一步一步走向权力的高处,成为朝廷重臣的。

康熙初年(1662年),纳兰明珠不过是内务府郎中,负责处理皇宫内务。这是个官阶不高又不好干的职位,一不小心就会得罪人,给自己招来麻烦,但纳兰明珠就是能观得了风云变幻,操作起来游刃有余。康熙三年(1664年)他就升迁为内务府总管,成为官廷事务的最高长官,大到典礼、警卫、财务,小到伙食、仓储、畜牧,事事都要他操心。

之后,纳兰明珠从后勤走向政坛。康熙五年(1666年),他由内务府总管改任弘文院学士,看似被降了级,但实际上却恰恰相反,通过这次调任，他开始参与国政。在纳兰明珠的眼里，国家大事就好像在内务府时所面对的那些杂事，只要有条不紊地去处理，总有光彩迭出的时候。

多难兴邦。时逢三藩暴乱和黄河水患，纳兰明珠认为这是可以施展个人才华的机会，也是肃清政敌的天赐良机。就这样，他把握了一次次的机会，在康熙十六年（1677年），纳兰明珠被任为武英殿大学士，后又被加封太子太师，权倾朝野。

纳兰明珠成为朝廷重臣后独揽朝纲，利用康熙皇帝的信任结党营私，甚至贪污纳贿。一方面，他借职权之便卖官晋爵，使朝官们争相逢迎，输财献宝；另一方面，他广置田产，号称拥有乌鸦都飞不过的田地，日进斗金，使人瞠目结舌。当时社会上流传一首民谣："要做官，问索三；要讲情，问老明。"索三即索额图，老明就是纳兰明珠。讲情当然离不开受礼，明珠府所受之贿，堆积如山。就连明珠府中的大总管也腰缠万贯，势力甚大。

当时的一些士大夫为了求见纳兰明珠或递上一封书信，都纷纷巴结府中总管，甚至一些官员也争着与他攀亲。纳兰明珠很懂得理家，他把大大小小三百多个奴仆分为三六九等，并且分层置心腹奴才，使仆人们服服帖帖、死心塌地地为府第效劳。若哪个奴才有不轨行为，即会及时受到揭发和惩治。

康熙十年（1671年），京师孙承泽的别墅"秋水轩"发生了声势浩大的"秋水轩唱和"。这不光是一个大话题事件，也是中国词史上的一件盛事。

## 第一章 | 富贵花错落人间

当时文人周在浚来到京城拜访好友孙承泽,两人同住在京城西南隅的"秋水轩"。周在浚在当时是小有名气的词人,擅长填词。因此,一些社会名流听到他的名气后也纷纷前来拜访,颇为热闹。其中有位叫曹尔堪的文人见墙壁上写着不少诗词就心血来潮,当即写下一首《金缕曲·贺新郎》,谁知他写后文人士子们纷纷响应,且皆以"卷"字韵起,以"剪"字韵止,难度非常大。正因为这种"步韵"具有难度,所以文人才子纷纷炫技,彼此间隐约有了较量的意思。

这件事影响越来越大,乃至于天南地北的文人骚客得知消息后,也纷纷表示要参加。于是,"秋水轩唱和"很快波及全国,一时间投书如云。其后,周在浚将这些词作辑为《秋水轩唱和词》。当时一时兴起写《金缕曲》的曹尔堪完全没有料到,他的这首词,竟然会成为改变当时整个文坛风气的导火索。

> 酒浥青衫卷,尽从前、风流京兆,闲情未遣。江左知名今廿载,枯树泪痕休泫。摇落尽、玉蛾金茧。多少殷勤红叶句,御沟深、不似天河浅。空省识,画图展。　　高才自古难通显。枉教他、堵墙落笔,凌云书扁。入洛游梁重到处,骇看村庄吠犬。独憔悴、斯人不免。衮衮门前题凤客,竟居然、润色朝家典。凭触忌,舌难剪。
>
> ——《金缕曲·再赠梁汾[①],用秋水轩旧韵》

---

[①] 指纳兰性德的好友顾贞观,号梁汾。此人满腹才华抱负,却不圆滑、不谙官场之道,做官日子不长就被排挤,落职归里,自称"第一飘零词客"。

纳兰性德的《金缕曲》有多首，而这一首"再赠梁汾"是他用秋水轩的旧韵表现自己的心志之作：

一杯浊酒，泪湿青衫，从前在京城秋水轩唱和的风雅之事，闲情尚未排遣。如今在江南已有名声二十多年，却仍像庾信那样伤感流泪。就算有白雪般盈满天空的才华，在朝为官却仍比登天还难。朝廷对于人才并不是真的重用，所以才华难以施展。仕途坎坷，志向难酬，于是难免斯人憔悴。才华卓越、横空出世的风流人物居然只能为朝廷粉饰太平，怎不叫人愤懑！纵然对朝廷有犯忌之论，以致招灾惹祸，但仍不改刚正不阿的本性。

纳兰性德对官场上的互相倾轧早已看得通透，他推心置腹地告诉顾贞观："衮衮门前题凤客，竟居然、润色朝家典"，你这样有真本事的人，去做官也不会给你施展抱负的机会，不过是让你给朝廷装点门面罢了。"题凤客"指嵇康，是魏晋时期著名的风流人物。这首词中一比顾贞观是庾信，二比顾贞观是嵇康，可见其在纳兰性德心中的地位不一般。

清朝的统治者为了压制汉族人的民族独立反抗意识，树立清朝统治的权威，加强中央专制集权，实行文化专制政策，大兴文字狱。虽然纳兰性德是满人，且家门高贵，但公开写这样的词宽慰朋友也是冒着风险的。他这番牢骚，既为顾贞观而发，也是为自己而发——"润色朝家典"的"题凤客"何其多，他自己就是其中之一。

纳兰性德深受高墙深院的束缚，十分向往自由的生活。他常常流露出对自己家庭的不满。人无法选择自己的出生,但可以选择自己过什么样的生活,而纳兰性德的苦也在于此,他处处身不由己。他曾在《与顾梁汾书》中写道:"人各有情,不能相强。使得为清时之贺监,放浪江湖;亦何必学汉室之东方,浮沉金马乎?"

纳兰性德通过贺知章和东方朔来表达一个强烈的人生理想,就是他宁可做贺知章也不想学汉代的东方朔。"人各有情,不能相强。"天下熙熙皆为利来,天下攘攘皆为利往,这个世界纷纭复杂,追名逐利的人谁也不能强迫谁。

他想如贺知章那般,不为功名利禄所羁绊,做一个放浪江湖的诗人狂客,自由地抒发心声、挥洒性情。所谓物以类聚,他身边的许多朋友并不是豪门公子,而是一群没有功名的江湖文人。

清朝初期,满汉关系还十分复杂微妙,但纳兰性德不在乎与江湖文人甚至是前朝遗民文人交往,也不在乎他们是否会给自己带来麻烦。他最亲密的知己顾贞观就是一个挂冠归隐、浪迹江湖的汉族文人,还有被称为"江南三布衣"的严绳孙、朱彝尊与姜宸英,他们都是遗世独立、孤高自傲之人。纳兰性德曾由衷地感叹道:"恒抱影于林泉,遂忘情于轩冕,是吾愿也。然而不敢必也。"此中的无奈,又有多少人能体会呢?

除了仕途和家庭以外,最令纳兰性德伤心的还是他的爱情。他一生经历了三段爱情悲剧:对于初恋,他欲爱而不敢爱;对于妻子,虽两情相悦,恩爱有加,但好景不长,最终阴阳相隔;对于情人知己,更是相聚短暂，个中缘由难以言说。最终，纳兰性德在情人离去不久，就因寒疾离开了人世。

有很多人认为纳兰性德是贾宝玉的原型，而他与曹雪芹笔下的贾宝玉也确有几分相似之处。当年，和珅进呈《红楼梦》给乾隆，乾隆读后即说："此盖为明珠家事作也。"这一句话，把《红楼梦》与纳兰家联系起来。

曹雪芹的祖父曹寅是纳兰性德的好友，比纳兰性德小四岁。二人都为朝廷效力，经常在一起诗词唱和，关系十分密切。康熙二十三年（1684年），纳兰性德扈驾南巡，与曹寅会于江宁织造府。第二年五月，曹寅带着自己所作的《楝亭图》来京，纳兰性德在这幅画上题咏：

> 籍甚平阳，羡奕叶、流传芳誉。君不见、山龙补衮，昔日兰署。饮罢石头城下水，移来燕子矶边树。倩一茎、黄楝作三槐，趋庭处。　　延夕月，承晨露。看手泽，深余慕。更凤毛才思，登高能赋。入梦凭将图绘写，留题合遣纱笼护。正绿阴、青子盼乌衣，来非暮。
>
> ——《满江红·为曹子清题其先人所构楝亭，亭在金陵署中》

曹雪芹自称写《红楼梦》是"满纸荒唐言，一把辛酸泪"，纳兰性德也称"我是人间惆怅客，知君何事泪纵横"。可见，两人在人生体验上确有相似之处。《红楼梦》中的贾宝玉最后看破红尘,遁入空门;现实中的纳兰性德在经历人世间的种种悲剧之后,自号"楞伽山人",无疑也显示出其内心对红尘俗世的厌倦与迷茫。

## 第二章 此情此愿只一人

## 第二章 此情此愿只一人

相逢不语,一朵芙蓉著秋雨。小晕红潮,斜溜鬟心只凤翘。　待将低唤,直为凝情恐人见。欲诉幽怀,转过回阑叩玉钗。

——《减字木兰花》

她轻盈地走来,如雨中安静盛开的芙蓉,婉约得让人怜爱。她娇羞的样子,不用任何言语,泄露了一颗心、多少事、怎般情。只一个眼神,便读出她眼中的秘密。从此,就掉进这盈盈眼波之中,深深沉溺。

相对无言,只因无法对她明言。见面成了煎熬,此时的无声却是掷地有声,一份悸动、一片深情。大概是因为被看穿了心事,她显得有些慌乱,那斜斜地插在云发间的凤钗也滑落下来。

他终于要开口呼唤她了,这声呼唤怕是已经等待了太久,想要传达太多的内涵。想问问她不见面的这些日子过得好不好，想告诉她，自己每天难熬的相思之苦，想许给她"愿得一心人，白首不相离"的海誓山盟。可是当这声低唤徘徊在嘴边的时候，却怕被别人察觉到凝结其中的深情，最终只得将这声呼唤吞咽下去。

四目相对，是他对她的直白倾诉，藏不住的心思，在表妹娇美的脸庞上泛起无法遮掩的红晕，仿佛又回到了年少时一起吟诗弄琴、两心相依的快乐时光。现在想来，那真是一场醉人的美梦。

也许，最遥远的距离是明知相爱，却无法在一起。回首之时，纵然有再多的无奈与不甘，也换不回当初的那份至爱。见了面又能怎么样呢，不过是在已经破碎的心房上，再狠心地划上一刀。向前的脚步就这样停止了，他放下那些欲罢不能，转身离去。放手亦是一种爱。

时光会漂洗那些模糊的记忆，唯那一抹娇羞，依然清晰如往昔。这不是凭空而来的想象，这是他略带青涩的爱情，也是他的"初恋"。

## 世间痴情种

纳兰性德一生用情极深,对生命中先后出现的三名女性倾尽了所有的爱,然而最后她们却都纷纷离去,留给他的只有彻骨之痛。面对大喜大悲的坎坷经历,纳兰性德的心就像一碗黄连熬成的苦汁,苦不堪言,为情所累。

若把时间延伸成一条线,线上的每个结都是纳兰性德的伤心事。将这条线拉近,就能看清他那些词中所记录的点点悲伤,都是他不能与人倾诉的情事。他的词忧郁多过快乐,他的人生也是悲情多过欢愉。

> 冷落绣衾谁与伴,倚香篝。春睡起,斜日照梳头。欲写两眉愁,休休。远山残翠收,莫登楼。
> ——《诉衷情》

这首词生动描述了女子孤清自处的境况。词中所写女子,依着香篝，思念着远方的恋人，在这样的时候，慵懒得对一切事物都失了兴趣和热情。那个思念的人不在，即使面对华美绣衾也感到了无生趣。这里的"谁与伴"亦是自语。谁与伴，倚香篝。想来也是一种媚的画面。却可惜，美人心里寥落。因心中所念的人不在，于是漫长白昼，百无聊赖。昏昏一觉醒来，竟已是"斜日"的日暮时分。就这样将一天的光景消度，反觉安稳。人心之弱，不堪惊痛。醒一时，对那人就念一时；睡一时，对那人的思念也就少一时。是曾在那人身上投放了多大的梦想，才被击溃至连一时一日也觉得难以熬度？谁也不知。

纳兰性德的情感是真挚的，他的词作有很多是独从女子处落笔，描写细腻、真实而富有情致。

夕阳谁唤下楼梯，一握香荑。回头忍笑阶前立，总无语，也依依。　　笺书直恁无凭据，休说相思。劝伊好向红窗醉，须莫及，落花时。

——《落花时》

这首《落花时》描写的是在夕阳下，伊人手握一把香草被人从楼上唤下，忽然"回头忍笑阶前立"，一言不发，叫人摸不着头脑。接着道破原因：原来她嗔怪情人信中相约，却失约，便假意娇嗔说，书信中的期约竟如此不足凭信，请你不必再说对我的相思了。但又以俏皮的口吻转口来抚慰情人珍重春光好沉醉，不要因为犹豫而耽误了两人相处的好时光。

## 第二章 此情此愿只一人

被爱情浸染的女子有着天下无双的美丽,这动人的情景在纳兰的脑海中恐怕一生都挥之不去。他在自己的作品中融入了很多真实的情感,就像下面这首《如梦令》,其中所描写的心境像极了纳兰的一生,前半段是满砌落花红冷,眼波心难定的风流少年,后半段是从此簟纹灯影,忧郁惆怅。

正是辘轳金井,满砌落花红冷。蓦地一相逢,心事眼波难定。谁省,谁省,从此簟纹灯影。

——《如梦令》

这首词描述了落花时节,一位少女亭亭玉立在轳辘金井旁。就在不经意的瞬间,被深深地触动心弦。谁能知道,那位少女流转的眼波是不是对自己钟情?柔肠百转,却无法获知对方的心意。也就有了此番烦恼和心事。归来后每夜对着竹席孤灯无眠。

在纳兰性德眼里,花儿不仅仅是单纯地开在春季,他看到的是多情的花、羞涩的花、落寞的花。在他的眼里,一草一木皆是情。他在一首《采桑子》中写道:

桃花羞作无情死,感激东风。吹落娇红,飞入闲窗伴懊侬。　谁怜辛苦东阳瘦,也为春慵。不及芙蓉,一片幽情冷处浓。

——《采桑子》

桃花并非无情地死去。在这春阑花残之际，艳丽桃花被东风吹落，飞入窗棂，陪伴着伤情人共度残留的春光。有谁来怜惜这飘零殆尽、日渐消瘦的身影？为春残而懊恼，感到慵懒无聊。桃花虽比不上芙蓉花，但它的一片幽香在清冷处却显得更加浓重。

他想，如果桃花是有情的，在春天过去的时候，就这样被东风无情地吹落，实在是悲凉。正如同自己，因病未与殿试，要想等到下一次的殿试，便是三年之后了，在别的学子与皇帝侃侃而谈的时候，本是踌躇满志的他，只能守着病榻，看着飘零的落花，与这残春一起度过。所以，纳兰性德在词的上片写到的"懊侬"，正是为了这件事。

春阑花残，艳丽的桃花被东风吹落，飘零殆尽。然而，艳丽娇柔、多情婉转的桃花无法接受无情的死，多情的花总要有一种多情的死法。"感激东风"是观花的他所发的感慨。东风把娇红的桃花吹落，没有任由其委身于尘土泥泞，而是让它飞进了纳兰性德的小窗，让它来陪伴容若这个伤情的人共度残留的春光。看到桃花无可奈何的命运，他愈加感到悲伤。

为春残懊恼，慵懒无聊，加深加浓了伤春之意，思念之情也更加强烈。纳兰性德以"东阳"沈约来形容自己，认为自己像他一样病容憔悴、抑郁多疾。沈约和纳兰一样，都是美男子，有才有德，他以沈约自比，既是说自己风流才俊，更是感伤自己身体单薄。这个典故用得十分贴切自然，既交代了心境，也写出了实情。而后所接之句"也为春慵"，更是说出自己的身心之所以如此慵懒，并非是为其他闲杂之事所累，只是春天就要结束了。

"不及芙蓉，一片幽情冷处浓"，虽然纳兰性德认为桃花妖艳，比不上芙蓉的清幽芬芳。不过，他这里所指的芙蓉却并不是荷花，传说唐宪宗时，相国李公在考试落第之后游览蜀地，遇见一名老妇人，这个老妇人对他说，他明年会在芙蓉镜下科举及第，再过二十年还有拜相之命。第二年时，他果然中第，而且榜上正好有"人镜芙蓉"一语，正应了那老妇的预言。当年，李公也是因病失去殿试的机会，和落第等同。在这个背景下，纳兰词中所说的芙蓉应当是指"芙蓉镜"的典故。自然，接下去的一句"一片幽情冷处浓"，正是写了他自己懊恼的"幽情"。

纳兰性德的词自然平易，朗朗上口。他只是将自己看到的、心中所感受到的，自然地表达出来，看上去没有过多刻意的雕琢，因此真实动人，容易让人过目不忘。在纳兰词中最感人的地方就在于他的"伤心"，如"落叶哀蝉，动人凄怨"。这种散发出来的凄婉之感形成了人们对他"千古伤心词人"的印象。仕与隐的矛盾造就了他一生的悲伤。他身在豪门，但心向江湖，却做不到大隐隐于朝，这也成为他性格当中主要的悲剧情结。

"真情""自然""追忆""伤心"，是他词中的真情所在。

在权力场上，永远都只有博弈。虽然在他人眼里，纳兰性德在事业上可谓前程似锦，飞黄腾达。可他的追求却不在于此，此时的他"醒也无聊，醉也无聊，梦也何曾到谢桥"。

成年后的纳兰性德，一直眷恋着年少时那段无忧无虑的时光。对他来说，表妹是上苍安排给他的礼物，只是这个礼物在他的手上太过于短暂，好像还没有好好爱过，就缘尽而去。

> 何处？几叶萧萧雨。湿尽檐花，花底人无语。掩屏山，玉炉寒。谁见两眉愁聚倚阑干。
>
> ——《玉连环影》

不知从何处飘过来的凄冷细雨，将屋檐下的花儿都沾湿了，花下的女子沉静无语。她走进屋子，掩上屏风，玉炉依然是寒冷的。有谁看见她倚着栏杆双眉紧蹙？思绪不知飘向何方。

纳兰性德愁云满面，昔日温馨的火炉如今已然锈迹斑斑，逼人的寒气叫人怎能靠近？清眉紧锁，斜倚栏杆，独自饮愁，又有谁人知晓？或许只有情人知，可盼归的心为何迟迟得不到回应？

他的心情是这般空虚无聊，独自发呆，内心不知思量什么。细雨点点，打湿檐瓦，屋檐下的人悄然独立。凉风袭来，身体一阵寒冷，屏风半掩，炉内檀香燃尽，却懒得再点。

## 少年情初开

　　一颗心只能为一个人而碎，一份情只能为一个人而伤。感情的伤痕，再也流不出多余心痛的血液。都说人生最美好的莫过于初恋，可原本应该珍藏的记忆，再怎么形容也只剩难以忘却的伤痕。幸福的时光总是那样短促，当沉浸其中时，他以为这就是爱的全部，然而片刻的温存换来的竟是无尽的伤痛。

　　纳兰性德的情感世界细腻又敏感，在他十几岁的时候就有过一段刻骨铭心的初恋。这段恋情，他并没有直白地告诉世人，但我们却能从他的词中猜测出一二分。那些凄婉美丽的词写出了动人心弦的情意，此绵绵间的些许失落，仿佛失神已久的有情人在耳边喃喃倾诉。

　　关于纳兰性德的初恋对象，一直众说纷纭。但在那个男女授受不亲的年代里，此人在纳兰性德成婚前就与其相识，并且青梅竹马，由此猜测极有可能是他的表妹。由于没有任何文字流传下来，所以后人只能从纳兰性德的诗词当中捕捉这名女子的吉光片羽。

纳兰性德与其表妹的关系正如曹雪芹笔下的贾宝玉与林黛玉。同林黛玉一样,这位小表妹是纳兰明珠的亲外甥女,自幼父母双亡,寄居在明珠府。

《红楼梦》中所唱:"一个是阆苑仙葩,一个是美玉无瑕。若说没奇缘,今生偏又遇着他,若说有奇缘,如何心事终虚化。"传说中,"阆苑"是神仙居住的地方。宋朝苏轼在《次韵赵德麟雪中惜梅且饷柑酒三首》中云:"阆苑千葩映玉宸,人间只有此花新。"这位表妹的性格,正如不食人间烟火的仙女般,远离俗人尘事。也正因为表妹的这种几乎"不近人情"的性子,使得纳兰性德觉得她与众不同。

惊晓漏,护春眠。格外娇慵只自怜。寄语酿花风日好,绿窗来与上琴弦。

——《赤枣子》

睡梦中的佳人被黎明的清漏声惊醒,贪恋春睡的美好,不愿起床。窗外的屋檐上依旧在滴水,滴滴答答演奏着大自然的鸣奏曲。这一新曲,是谁谱就?因为春暖花开,因为怀有春意,心思有些神驰,就在迷迷瞪瞪之间,少女闭上了眼睛,满脸困意。

花儿正趁着风和日丽迅速地绽放,快到那绿窗边上一起拨弄琴弦吧!睁开眼睛,看看这个世界的新绿,万物都已在沉睡中复苏,快趁着明媚春光,和院中的花朵都打声招呼,告诉它们不能贪睡,要早些开放。少女推开床前的碧纱窗,让那古琴的声音再优雅一点。

少女的心事复杂起来,娇慵倦怠之外,又暗生自怜。

刚进明珠府时,每当谈论起身世,表妹总会悲叹自己的处境,更常常敏感地触景生情。孑然一身、寄人篱下的情景导致了她的敏感多虑和患得患失。但纳兰性德面对她的疑惑猜忌,也是无计可施,只好对她说:"哪一天我把心掏出来给你看看就明白了。"

春残,红怨,掩双环。微雨花间昼闲,无言暗将红泪弹。阑珊,香销轻梦还。　斜倚画屏思往事,皆不是,空作相思字。记当时,垂柳丝,花枝,满庭胡蝶儿。

——《河传》

纳兰性德词中只字不提思念之人,但这个人就在美好的春光里,可美好的东西向来难留,就像四月里的芳菲,终有一日会香消玉殒。这首词从表到里都是矛盾的,表层的矛盾在于节奏明朗,内心哀伤;里层的矛盾则是内心的一番纠结,盼归总不能,相思终不得,欲罢又不忍。在他的信笔点染中,满怀思念的人仿佛要从笔墨间溢出来,这大概也点破了他自己的心事吧!

《河传》这个词牌并不多见,据古书记载,这个词牌是由隋炀帝杨广首创,由唐朝才子温庭筠完善。在纳兰性德的诸多词作中,使用这一词牌的也仅此一阕。他用这短短的五十余字,讲述了一个完整的故事,没有像大多数词人那样以秋天的黄叶、雁飞、冷风来写悲欢,而是用春愁带伤情,在时间、空间的转换中完成了自己的叙述。

表妹的出现,就像一片云,无声无息地飘进他的心里,没有丝毫的预兆,让人来不及拒绝便牢牢地倒映在他的心湖。有风拂过,她不会顺流而去,而是升腾为白色的水汽,宛如一条玉带、一弯小溪、一首山歌,萦绕在心田。

童话中的初恋,都是在幼时埋下的种子,被甘露浇灌着。两小无猜的孩子,在一个老师教导下一起读书,一起温习,一起玩耍,有时兴起还会一起作弄老师。

无忧无虑的童年生活中,两人最喜欢的游戏是捉迷藏。表妹总是躲在门后,每次都会被纳兰性德轻易地找到。

纳兰性德说:"表妹真笨,每次都藏在能被找到的地方,为什么还要藏呢?"

表妹起先笑而不语,随后扯起纳兰性德的衣袖娇声地说:"我怕藏在别的地方,你找不到我。"

春去夏来,树上的蝉叫得声嘶力竭,仿佛夏天永远不会过去,纳兰性德将自己独自锁在书房,不声不响,只是写字。他背过的诗句太多,但是现在唯有"消瘦尽,有谁知"这一句词,在他的脑海间久久不能消散。

> 落花如梦凄迷,麝烟微,又是夕阳潜下小楼西。 愁无限,消瘦尽,有谁知?闲教玉笼鹦鹉念郎诗。
>
> ——《相见欢》

## 第二章 此情此愿只一人

落花时节，芳草凄迷，麝烟袅袅。

表妹在那棵不知几时种下的银杏树下，问纳兰哥哥："你为什么总是这样闷闷不乐呢？在这样好的天气里，你不去开心地玩乐，那么在不好的天气里，你都会做什么呢？"

"做些什么呢？"纳兰性德说，"不管天气好还是不好，我都会读书。"

"那读书以后呢？"表妹问道。

纳兰性德直截了当地答道："骑马射箭。"

"那骑马射箭累了呢？"表妹刨根问底。

纳兰性德又答："读书！"

"那又读累了呢？"表妹不依不饶。

"骑马射箭。"纳兰性德的回答依旧。

看到表妹一脸愠色，良久，纳兰性德才轻轻地问："那你呢？"

多年后，纳兰性德恍惚还记得，当时表妹的脸像熟透的番茄，低下头来来回回地折着衣角，好像那衣角是什么新鲜的玩意。过了好久，她才吐出一句"清风朗月，辄思玄度"。

"清风朗月，辄思玄度"，纳兰性德低声重复着，他知道这个典故，意思是每逢清风朗月的日子，就不免想起刘玄度来。但是，表妹为什么突然提到这个典故呢？是在感叹韶华不为少年留，还是忧伤人生聚散无常，不能长相厮守？

纳兰性德一时怔住了，表妹也一时无语，周围顿时安静下来。

片刻之后,纳兰性德感慨道:"人生有一红颜知己足矣!遑求它哉。"表妹的心此时已完全被俘虏了,她想与纳兰性德永结百年之好,但又想到自己父母早亡,家道中落,恐难以实现此愿望,神色不禁黯淡了几分。纳兰性德觉察到了表妹的顾虑,郑重地握住了表妹的手,深沉的嗓音,缓慢却带着坚定:"生,同衾。死,同穴。"表妹听此,抬头望着他,眼中慢慢溢出了泪水。

纳兰性德与表妹的感情愈来愈深,但他知道自己的母亲觉罗氏绝不可能同意他们在一起。于是,在某天夜里,两人互换信物,私定终身,山盟海誓。

岂料此番过后,两人要面对的却是他们意想不到的悲剧。

纳兰性德的母亲觉罗氏得知二人私定终身的事情后十分生气。虽然这个侄女有才华,有相貌,但小小年纪就父母双亡,这是克夫的征兆。而且,她认为纳兰性德年纪尚少,应该努力读书,考取功名,而不是沉迷于儿女情长。

于是,觉罗氏唤其侄女过去问话。

"你来明珠府也有些年了吧?住得可习惯?"

"一切都好。"她胆战心惊地回答。

"昨日有人看见你与我儿交换信物,私定了终身,可有此事?"觉罗氏突然脸色一转,厉声问道。

听到此问,她只觉心中一惊,只慌忙流着眼泪说:"侄女不敢。"

回到自己的住处后,身心俱碎的她不知该如何度过这一晚。纳兰性德偷偷来到表妹处想安慰她几句，只是话未出口，眼泪先行。这一刻，他萌生出要和表妹出走的念头，要带着她先到江南同窗好友家躲避。

两人当即就收拾了细软准备逃出明珠府。

夜半时分，纳兰性德带着表妹从后门墙角越门而出，跑向大运河的渡口。可还没有跑出多远，就有人报与觉罗氏说："公子与表小姐不见了。"心急之下，觉罗氏立即命全府的人一起寻找。

这一夜，所有明珠府的人都知道，出大事了。

不一会儿，有门房来报，发现两人已往大运河方向而去，问夫人是否要追。

"追追追！快快备车，我要亲自去抓他们回来！"觉罗氏几乎是咆哮般地嚷道。

车夫快马加鞭，终于把纳兰性德和他的表妹追了回来。被带回府的两个人，即刻被分别软禁起来，不许见面。

纳兰性德朝夕盼望母亲能早日开恩，放过他们两人。但这最终只是他一厢情愿的奢望，为了让儿子彻底死心，觉罗氏将自己的侄女送入宫中参加选秀。

深禁好春谁惜，薄暮瑶阶伫立。别院管弦声，不分明。
又是梨花欲谢，绣被春寒今夜。寂寞锁朱门，梦承恩。

——《昭君怨》

表妹入宫之后，纳兰性德原本还抱着可以等到表妹出宫的那一日，了却结为夫妇之望。但不幸的是，表妹入宫不久便受到康熙帝的宠幸，因此终身未能出宫。

## 清风思玄度

　　自古以来,帝王家最是无情。皇帝的后宫佳丽三千,谁能独得皇上宠爱,那便是无限荣光。可当朝天子康熙帝,既是纳兰性德的表兄,又是挚友,也是此生伤他最深之人。

　　"一入宫门深似海,从此萧郎是路人。"被觉罗氏送入宫中的表妹,不久之后就被康熙封为惠嫔。对有些人来说,这段甚至称不上爱情的初恋或许只是生命乐章中的一个小节,注定会被时间的张力所撕碎。这一颗流星,注定要从命运的天空滑过。但是,纳兰性德是一个至情至性的男子,他在爱情上有着"亦余心之所向兮,虽九死其尤未悔"的执着和勇气。他做了一个惊人的决定,就是想尽办法要去见表妹一面。

　　这年适逢皇宫里大办道场,纳兰性德趁机买通了一位喇嘛,换上一身僧装,混入了操办法事的队伍中。纳兰性德深知这是死罪,但是一个"情"字却让他义无反顾。

他跟着僧人队伍前行,一路偷偷地张望着,寻找着。皇宫那么大,想要见到表妹无异于大海捞针。身边来来回回警戒的侍卫让他心慌,他早已不再苛求能与表妹长相厮守,只想再看一眼她那清秀的面庞、忧郁的眼神。

猛然,纳兰性德隐隐看见了在重重回廊深处的某个女子。那!是不是表妹?那名女子似乎也察觉到了他张望的目光。只一回眸,时间就在那一瞬仿佛定格为永久。牛郎和织女尚有一年一度的七夕相会,但是对于被一道宫墙拆散的纳兰性德和表妹,何处才是他们相会的鹊桥呢?

纳兰性德驻足于这宏丽炫目的庭院中,内心却只感到无尽的凄凉,透过表妹的眼神,他真真切切地体味到她对"自由"的殷切期望。只是,她无法得偿所愿,而他亦无能为力。纳兰性德只能鞠一捧香茶,为她消去一缕忧愁。从此,他与她便无缘再见。

问世间情为何物,只让人生死相许。

一些东西,一些人,注定只能与他擦肩而过,刻意的挽留,只能身心俱疲。表妹入宫之后,纳兰性德一直郁郁寡欢。他把最深最苦的相思埋进心底,写上眼角眉梢。他将这无人能体会的忧愁化作诗词,将全部的情感溶于其中。那些缠绵悱恻的句子,读起来有种说不出的凄凉。

枕函香,花径漏。依约相逢,絮语黄昏后。时节薄寒人病酒,划地梨花,彻夜东风瘦。 掩银屏,垂翠袖。何处吹箫,脉脉情微逗。肠断月明红豆蔻,月似当时,人似当

## 第二章 此情此愿只一人

时否？

——《鬓云松令》

词中情景都是想象之语，而纳兰性德以实笔写出，表达了刻骨相思而造成的迷离之感。佳人早已远去，但枕头上还分明留有她的余香。黄昏中，仿佛来到原来相约的地点，在夕阳下私语绵绵。往日里，她在闺房中掩着屏风，青绿色的衣袖低低垂下，欲语还休。如今夜色沉凉，月光照在院中的红豆蔻上，那红豆蔻无忧无虑开得正盛，不禁让人触景伤情。在这份孤独落寞中，纳兰性德反问："月似当时，人似当时否？"

湿云全压数峰低。影凄迷，望中疑。非雾非烟，神女欲来时。若问生涯原是梦，除梦里，没人知。

——《江城子·咏史》

在这首词中，纳兰性德没有从历史人物或历史事件入手，而是写了自己独特的心理感受——凄迷寂寞、悲凉伤感。这种感受唯他自己能知。词中借巫山神女的典故咏男女之间含思缥缈、朦胧缠绵的情事，慨叹世间一切皆如梦幻，纵然美好，也只是瞬间即逝罢了。

这段无疾而终的恋情，最终以悲剧收场，由此也成了纳兰性德心中难以释怀的隐痛。他沉溺于悲伤的情绪之中，久久无法自拔。

# 第三章 多情自古原多病

## 第三章 多情自古原多病

　　黄昏又听城头角,病起心情恶。药炉初沸短檠青,无那残香半缕恼多情。　　多情自古原多病,清镜怜清影。一声弹指泪如丝,央及东风休遣玉人知。

——《虞美人》

错过,是人生不可避免的经历。

这些错过让纳兰性德得到了成长,虽然难免遗憾,难免痛苦。但时间是抚平内心的一剂良药,那些遗憾与痛苦总会随着时间慢慢淡去。

在爱情的世界里,没有谁对谁错。留不住的终究是过客,就算是命中注定要分别,也应该微笑着说再见,无须责备是谁对爱情不坚定,不执着。红尘中的男男女女不过是一颗颗算盘珠,被不如意的命运肆意拨弄着,甚至来不及在多舛的命途中略略喘息一下,便匆匆投入到繁杂的世事当中。

纳兰性德在这首词中不是哀叹爱人离他而去,而是哀叹此生无人能懂他的心。两心若能长相依,为君沉醉又何妨?找不到相依相随之人,他只能自顾自怜。黄昏时分,城头的号角再一次吹响,身患疾病的他,心情异常低落。

身边没有一个奴仆跟随,他只能自己动手煎药。药在小火上慢慢熬着,短柄的灯烛闪着幽幽的火光,纳兰心中不免感到凄凉。那案头的灯似乎也在忽明忽暗地嘲笑他。

此番多情又是为谁?触景伤情,弹指间已物是人非。但他却不想让思念之人知道自己患病的消息而徒增伤悲,于是央求东风不要把这个消息告诉远方的她。

## 公子体多病

> 绿叶成阴春去也,守宫偏护星星。留将颜色慰多情。分明千点泪,贮作玉壶冰。　　独卧文园方病渴,强拈红豆酬卿。感卿珍重报流莺。惜花须自爱,休只为花疼。
>
> ——《临江仙·谢饷樱桃》

又一个春天在不知不觉中度过了,这种浅浅淡淡的爱恋,在她转身之后,以为是永远地结束了,但其实还留有一些看不见的丝线,情牵于他。

正在受着病痛折磨的纳兰性德,收到了她送来的樱桃,尽管病中的纳兰性德毫无食欲,但无论如何也要把它当成相思红豆一般吃几颗,以表达对她的感激和思念之情。这些樱桃分明是千里外友情的泪水,这些泪水化作浓香的醇酒,温暖着纳兰性德的心,让他重新振作起来。听那婉转的莺鸣就是他身体日渐好转的信号。他不希望她为了自己的病而感到心疼，只盼他们都要互相珍重和爱惜自己。

一捧樱桃在握，逝去的似水年华又在纳兰性德心中悄悄浮起。与她一别已是多年，不知道现在的她是否安好，是否已初为人母？

自爱上她的那天起，思念便成了纳兰性德戒不掉的瘾。她的一言一笑，一颦一蹙，无不牵动纳兰性德的心。在百千尘思中，唯念她一缕；在万千红颜中，唯恋她一人。漂泊天涯又如何，至少还有思念可依。

已是深夜时分，病中的纳兰性德独自一人躲在内堂之中，与药炉短灯为伴。那一抹微漾的忧伤，被灯火照出一星半点的懊悔，还有一分沮丧，一分决意，这份纠缠化作一团气息缓缓弥散在空气中，也腾起一丝涩意在心头。

为了表达馈赠樱桃的谢意，他写下这首词作为答谢，但词中那若隐若现的典故，那"绿叶成阴""千点泪""红豆""惜花"的意象，却似隐藏着千般情事，绝不仅仅是一声感谢那么简单。无论纳兰性德是不是她身边的卷帘人，都将一生被她牵引。

纳兰性德多情又多病。他的病，主要还是心病，现实与理想的矛盾，令他积累了太多的惆怅情绪。

纳兰性德补行了殿试，其试卷最终被定为佳卷。那一年所录取的进士人数是一百九十五名，殿试的录取者分三甲，第一甲赐"进士及第"，即状元、榜眼、探花三位，纳兰性德被录取为二甲第七名，也就是说纳兰性德排在第十名，赐"进士出身"。这个成绩在当时，对于满族出身的读书人来说，已经相当了得了。

按照清朝的惯例，"一甲进士"金殿唱名后，会立即按规定封授官职。状元即授翰林院修撰，榜眼探花被授予翰林院编修，而其余的新科进士还需要赴保和殿参加朝考，按照朝考的成绩结合殿试的名次、年龄以及阅历等情况，由康熙帝分别授予官职。

纳兰性德在朝考廷对时累累数千言，析理之谙熟甚至在一些朝廷宿儒之上，最后被定为难得的优秀试卷。康熙知道这位纳兰性德是纳兰明珠的儿子，但他一时还没有想好该授予纳兰性德何等官职，所以只说要留作"嘉用"。

一心想建功立业的纳兰性德，金榜题名是在他意料之中的，可令他没有想到的是皇帝迟迟未对他授予官职。一般被赐进士出身之后，不是进翰林院继续深造，就是被授予一定的官职，直接上岗。纳兰性德是新科进士却没有得到任何来自朝廷的任命，确实有些蹊跷。由于是皇帝钦点的人，所以当时从兵部尚书调任至吏部尚书，掌管官员们考核、升降、奖罚、任免的纳兰明珠，对此也是无能为力。

惶惶不安了一段时间过后，康熙最后授予纳兰性德三等侍卫的官职，可纳兰性德本以为自己会被选为庶吉士，可以在翰林院中继续深造，攻读经史，著书立说。他一心向往着为国家的统一和安定奋笔疾书，抑或是将来有朝一日能驰骋战场。可皇上金口玉言，圣旨一下，他的人生规划霎时成了水月镜花。

努尔哈赤崛起之初，侍卫主要由其家丁充任，负责保卫等事务，清朝建立后，多由归附部落的首领和宗室、勋戚子弟担任，但家丁和奴仆的地位实质上仍没有改变，他们完全没有自己的自由，任凭皇上驱使。清初规定配一等侍卫六十名，正三品衔；二等侍卫一百五十名，正四品衔；三等侍卫二百七十名，正五品衔。到了康熙年间，随着皇权的加强，又将侍卫分为御前侍卫、乾清门侍卫和一般侍卫。御前侍卫和乾清门侍卫都由皇帝亲自挑选，没有名额上的限制。

纳兰性德作为侍卫，康熙皇帝在京时必须随时听从差遣；出巡时要随扈保驾；驻跸行宫时更要戒备守卫；行围狩猎时，也要执弓执矢，一边射击猎物，一边保护皇帝不受野兽侵袭。在康熙检阅八旗官兵操练时，还要上场给众人表演示范，甚至与各营将领比武演练，以此激发兵士的热情。有时侍卫还要担当皇帝的特使，被委派去执行一些特殊任务。

三等侍卫为正五品官衔，实际上比授予状元的从六品翰林院修撰高了三级，每年的俸禄自然也多一些，而且侍卫和王公大臣一样，有园田分，在皇帝近身处办差，若得赏识，必能飞黄腾达。在一般读书人眼中，这是个巴不得的差职。可是纳兰性德出生于满洲贵族，金钱、物质对他来说都不重要，侍卫的那点俸禄对他更是毫无吸引力。人各有志，对于有着创造性思维的纳兰来说，侍卫简单乏味的工作占去了他绝大部分的时间和精力，这无异于将超凡脱俗的宛马置于"凡材"之中。

纳兰性德自幼受儒家学说的熏陶，抱定了立功立德、显亲扬名的宏图远志。他同中国历代士子一样，沉酣在"学而优则仕"的梦想里，在"闲庭照白日，一室罗古今。偶然此楼栖，抱膝悠然吟"的环境和心态下，俨然以诸葛孔明自居，留心当世之务，不屑以文字名世，只待知音举荐，圣主赏识，然后一展鸿才。

## 第三章 | 多情自古原多病

他想干一番经天纬地的事业后功成不居,解佩出朝,退居林下,彻底实现他的人生之旅。为了使夙愿得偿,他清介自持,刻苦向上,虽然身处官宦之家,而闲斋萧索,庭院寂然,户外没有登门进谒的趋奉之勤,内庭没有裙妓、丝管、呼卢、秉烛之游。

每当夙夜寒暑,晨昏定省之余,他总要抓住片刻闲暇,游心于翰墨,寄情于艺林,并能撷其英华,匠心独至,表现出高雅的襟怀、强烈的使命感、勤奋的精神及进取之心。对于有着宏远抱负,不愿枉活一世的才子来说,一言一行都必须唯命是从的侍卫工作非常容易让他产生屈辱感和厌恶感。

但他必须接受现实,于是,他陪着康熙祭祀、打猎,甚至察言观色,排解康熙的心事。

马首望青山,零落繁华如此。再向断烟衰草,认藓碑题字。 休寻折戟话当年,只洒悲秋泪。斜日十三陵下,过新丰猎骑。

——《好事近》

一次,纳兰性德扈从康熙皇帝到昌平祭祀十三陵,他骑在马背上,视线越过马头,向上望去看见一片连绵不断的青山。这些青山仿佛无尽的屏障,其间有一片隐世的天地,这里没有繁华,只有零落凋残,带着一份苍茫,深入人心。

面对眼前这萧索冷清的景象,看着被枯草掩埋的石碑,纳兰性德心中感慨万千。在被苔藓覆盖了的石碑上，还可以模糊地辨认出前人刻下的碑文。人们以为将故事留在石碑上就可以万古长存，但在时光面前，任何东西都是如此脆弱和不堪一击。

无须追思古往今来的兴衰往事，眼前的秋色足以令人心生悲凄。纳兰性德想到自己的生命也不过是白驹过隙，匆匆几十年犹如流星划过，很快就隐没了。但他没有时间去做自己想做的事情，而是整日陪在康熙帝身边，做些并不情愿的工作，这样的日子什么时候才能够到头！

> 平原草枯矣，重阳后、黄叶树骚骚。记玉勒青丝，落花时节，曾逢拾翠，忽听吹箫。今来是、烧痕残碧尽，霜影乱红凋。秋水映空，寒烟如织，皂雕飞处，天惨云高。　　人生须行乐，君知否？容易两鬓萧萧。自与东君作别，划地无聊。算功名何许，此身博得，短衣射虎，沽酒西郊。便向夕阳影里，倚马挥毫。
>
> ——《风流子·秋郊即事》

这是对狩猎场面的描写。人们穿着束紧的骑行服，坐着奔驰的骏马，在深秋肃杀之际到郊外射猎。嗒嗒的马蹄声，伴着催人的号角，在密林之中搜索着猎物。

每年秋季，康熙帝都会从御林军中挑选三千名弓箭手，按顺序和间距，列队绕着猎场向两侧扩展，围成三里左右的环形，等所有位置固定好后，全体一起向前进。前面无论是谷涧湖湾，还是荆棘深丛，必须

## 第三章 多情自古原多病

攀涉，猎物就围在这个环网中，一直被逼到空地。这种地毯式的狩猎，收获可想而知，猎物再东窜西逃也没有出路，直到力竭就捕。这样的狩猎，半天就能抓到上百只牧鹿、狼和狐狸，还有其他野兽。

九月的一天，夜幕降临至狩猎场后，御林军们忙着搭起牛皮帐篷，有的忙着点燃篝火，把羊肉、虎肉架在火上烧烤，兽肉随着吱吱的响声往下滴油，散发出浓重的香味。在肉的飘香中，众人打开御酒一碗又一碗地斟满。康熙也饮了酒，有了几分醉意，非常畅快地说："纳兰性德的一首《风流子·秋郊即事》，把射猎行乐看得比求取功名还有意思，务须饮得尽兴！"

饮完酒后，康熙从帐中出来，在凉爽的秋风中惬意地打着哈欠，伸了个懒腰，望着茫茫夜色出神。见皇上沉默独处，纳兰性德连忙走到近前，恭敬地说："秋风凉，别冒着风寒，皇上还是回帐子里歇着吧。"

篝火依然熊熊地燃着，康熙的脸上流露出不易被察觉的忧虑。良久，才开口说道："朕欲就着海东青飞翔，赋一首诗。"说罢，颇有感触地吟道："羽虫三百有六十，神俊最数海东青。性秉金灵含火德，异材上映瑶光星。轩昂时作左右顾，整拂六翮披霜翎。期门射生谙调习，雄飞忽掣黄绦铃……"

纳兰性德读出诗中不只是说海东青，似乎还有求贤若渴的感慨，因而对康熙说："皇上，本朝文武百官实力雄厚，在历朝中堪称首屈一指。还有何所忧？"

"西域虽属吾大清的疆土，但准噶尔受沙俄唆使，实难控制。叛匪不定，朕心难安。"康熙皇帝喟然长叹地说，"朕想，西征为前无古人之举，要完成这一宏伟大业，有勇有谋的将才尚嫌甚少！"面对眼前的荒野秋风，彻骨生寒，纳兰性德劝道："深秋寒夜，皇上还是回驾吧。"康熙遂移动脚步，走近帐篷。

传言，有次康熙上五台山礼佛，住台麓寺行宫，黄昏时路遇一只正在下山的斑斓猛虎。他当即问纳兰性德："老虎吃人不？"纳兰性德答："吃人是老虎的本性。"康熙听后立即取过弓箭将那只老虎射死。事后，他想了想对纳兰性德说："一般老虎应是从山上窜下来，而朕遇到的这只是一步步从山上走下来，明显是迎驾的。"纳兰性德明白皇上话中的意思，随即命人将死后的老虎抬进寺内的庭院里供了起来。

这就是康熙皇帝身边的侍卫纳兰性德，听命于皇权，依附于皇权，最终也将为皇权而献身。就如山中这只老虎，死也不是，不死也不是，一切都身不由己，只凭皇帝圣心独裁。

但康熙却十分喜爱纳兰性德并将其视为知己，一有著述便立即让他译制，行猎时也让他伴随左右。纳兰性德在很短的时间内，便从三等侍卫晋升为二等侍卫，后又晋升为一等侍卫，他还多次受到金牌、彩缎、弧矢、佩刀、鞍马、诗抄等赏赐，这些特殊眷顾都让别人羡慕不已。

## 才情损韶华

纳兰性德的一生是矛盾的一生。最根本的是他跟其父纳兰明珠之间的矛盾。纳兰明珠给了他显贵的身份，可在纳兰性德看来，这却是束缚自己的枷锁，并且越来越让他感到厌倦和哀伤。

童年时期，父亲曾是他最崇拜与依赖的人物。让纳兰性德最感到骄傲的，是父亲在政治上的成就。历任弘文院学士、刑部尚书、都察院左都御史和兵部尚书的纳兰明珠，个人魅力非同一般，他精通满汉文化，做事干练，对人热情，早年时能言善辩，不畏权贵而又忠贞不虞。

康熙初年（1662年），南疆安定后，吴三桂驻守云南，平南王尚可喜驻守广东，耿精忠驻守福建。三藩在其所镇守的省份权力甚大，远超过当地地方官员，并可掌控当地军队、税赋等。十余年来，他们飞扬跋扈，互通声气，广布党羽，实际上已成为割据势力。

康熙十二年（1673年），尚可喜自请告老还乡，留其子尚之信继续镇守广东。康熙皇帝接到这份奏章之后,认为这是个撤藩的好时机,不但顺水推舟批准了尚可喜的请求,而且下旨命令其全藩尽撤,长子不能袭封。

但这个旨意让平西王吴三桂和靖南王耿精忠产生了很大的不满,若平南王撤了,那他们是不是也该撤?在危及自己利益的当口,他们二人先后上表朝廷,言不由衷地提出要求撤藩,实际上是想试探朝廷。

康熙收到吴三桂和耿精忠的上表后立刻召集大臣商议,大学士索额图、图海等多人以为三藩不可迁移。只有户部尚书米思翰、刑部尚书莫洛和时任兵部尚书的纳兰明珠等力请徙藩。康熙直言:"吴三桂等人蓄谋已久,如果不尽早除掉将养虎为患。如今撤藩会反,不撤也会反,不如先发制人。"随即批准吴三桂等人撤藩的奏疏。

果不出所料,撤藩旨意一下,平西王吴三桂就率先举兵反叛。这下,有人便幸灾乐祸地看康熙如何引火上身,还有人趁火打劫,将矛头对准那些主张撤藩的大臣,要求严惩他们。大学士索额图就以三藩叛乱为借口,企图借刀杀人,他想除去纳兰明珠这个最大的政敌,于是向康熙建议处死倡议撤藩的大臣,同时向吴三桂求和。

康熙知道事态的严重性,要是求和,就等于让位于吴三桂,所以在这件事上他必须强硬,无法和平处理,只能动用武力。他力挺纳兰明珠,坚持撤藩决定,还掷地有声地说:"这是朕的旨意,他们何罪之有?"尽管这个时候康熙还面临着京师大地震、火烧太和殿以及皇后赫舍里氏去世等一系列的重大事件,但他依然临危不乱,镇定自若。他逮捕了留守京城的吴三桂之子吴应熊，然后捉拿其党羽。纳兰明珠作为兵部尚书，负责出面安抚百姓，让他们不要被流言所惑，同时也向其他官员发布告示拉拢人心，孤立吴三桂。

当时清兵与吴三桂处于拉锯战状态，西线战场上清军处于守势，满朝文武都为此捏了一把汗。但令很多人意想不到的是，一向埋头读书的纳兰性德，竟在这时主动请缨，要求到平定三藩叛乱的前线去冲锋陷阵。纳兰性德认为，自己身上流着叶赫那拉和爱新觉罗这两大强悍姓氏的血液，他希望让大家记住，自己是八旗子弟，有着与生俱来的血性。在这一点上，他深受父亲的影响。对于纳兰性德的请缨，纳兰明珠也是支持的。

但康熙皇帝并未批准纳兰性德的奏请，他视纳兰性德为自己的知己，舍不得派他去战场。这虽然是对纳兰性德的一种保护，却令他失望不已。纳兰性德在后来写给好友严绳孙的诗中，曾发出"我今落拓何所止，一事无成已如此。平生纵有英雄血，无由一溅荆江水。"的慨叹。

后来三藩平定，康熙帝对大臣们说之前商议撤藩，只有纳兰明珠做事符合朕的想法，并称："当时有人建议诛杀倡导撤藩的大臣，朕若是听信了他们，就让忠臣含冤九泉了！"此后，纳兰明珠受到了康熙帝的倚重。

纳兰明珠还有一件事曾令纳兰性德深感佩服，那就是他协助康熙打击鳌拜。康熙皇帝未亲政时，朝廷有四位辅政大臣：索尼、苏克萨哈、遏必隆、鳌拜。纳兰明珠跟这四人的关系十分微妙。

四位辅臣只是表面一团和气，不久，他们之间的矛盾和斗争便公开化。斗争中，鳌拜逐渐专擅实权。康熙六年（1667年），首辅索尼病逝，康熙皇帝正式亲政，但他仍无法应对鳌拜的威胁。这时，苏克萨哈主动上疏请求解除辅臣之任。这一举动触及到鳌拜的要害，不想退出政治舞台的他在御前"攘臂上前，强奏累日"，最终将苏克萨哈处以绞刑，并诛其族。纳兰明珠与苏克萨哈本是叶赫那拉同族，但他却并未受到波及，反而还升了官。之后康熙决意铲除鳌拜，这时的纳兰明珠审时度势，坚定地站在康熙一边。

　　纳兰明珠建议康熙修改当时的历法，而负责这件事的正是鳌拜的学生杨光先，于是康熙罢免了杨光先。此事表面上看是历法之争，实际上是纳兰明珠在皇帝的授意下打击鳌拜集团。扳倒鳌拜的同党后，纳兰明珠由刑部尚书改迁都察院左都御史，此时，他已历任侍卫、治仪正、内务府郎中、内务府总管、弘文院学士。从康熙皇帝登基至鳌拜被扳倒，正值纳兰性德的少年时期（八岁到十五岁），当时的他对朝中的政治斗争也许还没有清醒的认识，但是父亲的形象越来越高大，令他感受颇深。

　　纳兰明珠凭借自己的智慧和勇气，赢得了康熙的信任，个人的威望和事业一度达到了巅峰。

　　在文化上，纳兰明珠也是功勋卓著。他精通满汉文化，是一个注意团结汉人学者的高官。当时的明珠府是汉人学者云集的地方，像高士奇，就是由于纳兰明珠引荐才受到了康熙帝的赏识。

　　纳兰明珠也十分注重对儿子的教育，纳兰性德很小就继承了父亲的传统,像"渌水亭",正是满汉和睦的表现。无论是帮助康熙治理朝政、铲除隐患,还是在满汉文化的交融沟通上,纳兰明珠都为国家为朝廷做出了积极的贡献。对于父亲的这一系列成就,纳兰性德感到由衷的钦佩。

但随着年龄的增长以及纳兰明珠的转变,纳兰性德与父亲之间出现了隔阂。功成名就后的纳兰明珠,开始独揽朝纲,持功骄纵,表面上为人谦和,实际却利用康熙皇帝的信任结党营私,甚至贪污纳贿。连身边的奴才都跟着狐假虎威,管家也仗着权势,在外面无所不为。父亲追逐名利,但纳兰性德却甘于做一名江湖浪客。由此,父子间的矛盾越来越大。

纳兰性德有位好友姜先生,屡次考试都不中。正当他郁闷不已之时,纳兰性德想帮他一把。但他知道自己求父亲,父亲是不会答应的。思来想去,纳兰性德就对姜先生说:"你老是被埋没,太可惜了。我想帮你,却无能为力。但你可以去找明珠府管家帮忙……"纳兰性德本是出于好意,可姜先生却非常生气,他站起身当着纳兰性德的面摔碎了酒杯,大骂纳兰性德势利无比,还要他向奴才低头,要与纳兰性德绝交。

但纳兰性德并没有怪罪姜先生,反而多次向他请罪,两人后来又恢复了友情。由此可以看出,纳兰性德与父亲之间的矛盾很深。他很想帮助汉人朋友,但自己的力量不够,需要借用父亲的权力,可他又看不惯父亲的行为,不愿意与他成为一丘之貉。他甚至写下"乘险叹王阳,叱驭来王尊。委身置歧路,忠孝难并论。有客赍黄金,误投关西门。凛然四知言,清白贻子孙。"来表达对父亲的愤懑。

然而,纳兰性德既要保持自己的人格,又要做个孝子。曾有记载,纳兰明珠在朝廷与三藩决战之际因过度操劳外加受了风寒而病倒,纳兰性德日夜侍奉其左右。他知道,自己生来所拥有的一切,皆是父母的赐予。他无法接受父亲结党营私、排斥异己的做法,但身为人子,他又不能指责自己的父亲,这"忠孝难并论"是纳兰性德生命中不可调和又不可逃避的矛盾,但这种矛盾还不是他心中唯一的痛苦。

自古以来,抱才负屈的人不少。纳兰性德欣赏的西晋名士陆机就是其中之一,当年被成都王司马颖拜为后将军,率领二十万大军长驱直入敌营,赚得多少英名?可不久陆机与敌军在鹿苑交战,惨遭失败。没有谁能始终站在胜利的浪尖。这一败,陆机的命运也就此逆转,一些嫉贤妒能的人粉墨登场,加上长沙王司马颖耳根子软,于是上演了一场功臣难以善终的悲剧。临终时,陆机想起了他的故乡华亭,他云游于少年时期的山川间,终忍不住长叹:"华亭鹤唳,岂可复闻乎!"

纳兰性德对于这样的哀号已在心里默默做了批注,与其等到事过境迁之时再回味前尘往事,不如在花间斜阳里闲度余生。只是,才二十岁的他,如何便存了不惑之年的颓然?一番雄心壮志被闷在声色管弦中,时间久了,再高远的志向也是死水一潭。

一个人心中要有多少悲伤,才能将文字都浸染上苦涩的眼泪?人们常说"触景伤情",当纳兰性德"伤情"的原因再无从考证时,也唯有把那一腔化不开的愁绪，归咎于他萧瑟、斑驳的人生路途。

  锦样年华水样流，鲛珠迸落更难收。病余常是怯梳头。
一径绿云修竹怨，半窗红日落花愁。惜惜只是下帘钩。

——《浣溪沙》

  花样年华无限好，无奈流年似水，转眼即逝，由此多愁多病，寂寞独处，清怨绵绵。美好的时光不会再回来一次。每当想到这里，纳兰性德都会黯然神伤。

  风景不变，年华老。纳兰性德虽是文武兼备的少年英才、帝王器重的随身近臣、前途无量的达官显贵，也是叶赫那拉家族光耀门楣的继承人，但他却时常为自己的命运哀叹。

## 黯然以自伤

世人都惊叹、羡慕纳兰性德所享受的无上尊荣,连一向精明的纳兰明珠也陶醉在帝王对儿子的信任中沾沾自喜。但作为康熙帝近臣,纳兰性德时时感受着皇权的力量及其无常的变化。人的命运被握于喜怒无常的帝王手中,这其中的酸楚有谁能体会?

作为侍卫,纳兰性德要处处体察康熙帝的意图,一言一行必须唯命是从,而且有些事还不能让皇帝言明,需要侍卫自己体会。总之,时时处处都要小心,稍有闪失就会被降黜,重者流放充军,甚至人头落地。纳兰性德觉得这侍卫的头衔像是给他套上了金枷玉锁,让他痛苦万分。

在他的心中,当侍卫、入禁庭,实无异于囚禁雕笼,陷身网罩。

何处金衣客,栖栖翠幕中。
有心惊晓梦,无计啭春风。

> 漫逐梁间燕,谁巢井上桐。
> 空将云路翼,缄恨在雕笼。
>
> ——《咏笼莺》

借咏物以抒怀,可谓凄怆怅惋,寄慨遥深。

黄莺别号"金衣公子"。享用着锦衣玉食,却戴着金枷玉锁的纳兰性德,引"笼莺"以自况,真是最恰当不过了。看这个莺儿,遍身绮羽,食以香谷,罩以雕笼,整天蹦蹦跳跳,被人玩弄于股掌之上,既无冻馁之虞,又不愁惨遭弹丸的袭击,表面上看去,真是富贵安逸,令人艳羡。它什么都有,唯一缺少的是身心自由,它无法像其他同类那样任意地飞翔,自在地鸣啭。

纳兰性德的内心是如此苦闷,首联中的"栖栖"二字,便透出了端倪,可见那种蹦跳不停的举动,并非由于心情振奋,而是焦虑不安的表现。"何处"一词,是说它原本不在这里,并非笼中固有之物。

颔联中的"有心""无计",写黄莺恓惶、焦躁的缘由,表明矛盾所在,其中透露着一种蓄势、一种期望、一种新的觉醒,即冲破梦幻,面对现实,勇于抗衡,争取自由。颈联写黄莺心灵的跃动,写它向往"翠幕"外的广阔天地,羡慕初春时节在梁间上下翩飞、呢喃细语的紫燕,艳羡筑巢、饮露于高梧之上的桐花凤。而这一切,在它都成了难以实现的梦想。尾联以冷语作结,空有同样的羽翼,空对浩渺的苍冥,最后只能在雕制精美的鸟笼中,默默地吞声饮恨,郁郁而终。

如果这首《咏笼莺》还只是委婉之言，那么他的《拟古》诗则是愤懑直陈了：

> 吾本落拓人，无为自拘束。
> 倜傥寄天地，樊笼非所欲。
> 嗟哉华亭鹤，荣名反以辱。

——《拟古》十四首

纳兰性德在这首诗中毫不隐讳地申明：他本是散淡、落拓的人，寄倜傥于天地，不想受到任何形式的拘束。

由于他的现实处境与心灵追求存在着不可调和的矛盾，致使身心经受着双重压力。一是现实与理想的背离。纳兰性德有理想，有憧憬，有追求，无时无刻不在试图自己决定其未来的人生道路，但最终一切都只是徒劳。二是纳兰性德人性、个性同所处的社会环境的冲突。他天性萧疏散淡，渴望过无拘无束的生活，但实际上，他不但活动范围和时间支配受到严格限制，而且必须极力掩饰自己的七情六欲。

纳兰性德在给好友的一封信中这样写道："鄙性爱闲，近苦鹿鹿。东华软红尘，只应埋没慧男子锦心绣肠。仆本疏慵，那能堪此。"将这些发自肺腑，倾吐内心衷曲的私人信函，同他那些或婉转其辞、或直抒胸臆的诗词作品结合起来读，纳兰性德的心事就不难窥见了。

## 第三章 多情自古原多病

这首前扬后抑,似有难言隐恨的《浣溪沙》,描绘的是他去东巡路上所看到的富于地方特色的生活场景,也是他郁结之心爆发的前奏。

桦屋鱼衣柳作城,蛟龙鳞动浪花腥,飞扬应逐海东青。
犹记当年军垒迹,不知何处梵钟声,莫将兴废话分明。

——《浣溪沙·小兀喇》

在小兀喇这个地方,人们用桦木建房,用鱼皮制衣,种植成排的柳树作为屏障。那里的河水仿佛有蛟龙游动,河面上闪烁龙鳞一般的光辉,浪花里泛着浓重的腥气。那里的人们喜欢驯养海东青来捕捉猎物。旧日的营垒让纳兰性德想起当年的战争,而如今一片宁静祥和,还有不知从何处飘来的寺院钟声。朝代的更迭,江山的兴废,一切皆成过眼烟云。

纳兰性德随康熙出巡,来到松花江边的小兀剌。在世人眼中,小兀喇是一座庞大的造船厂,顺治时期为了抵御俄国的入侵而设。而今康熙皇帝来到这座为军备建设而生的城池,其用意不言而喻。

但在纳兰性德眼中,小兀剌不仅仅是一个边陲重镇,还是其祖先叶赫部的领地。

纳兰性德是叶赫部首领金台什的曾孙,他清楚地知道自己家族的历史。

从纳兰家族的角度来讲，金台什当属英雄。但可悲的是，六十多年前曾祖父的英勇牺牲，换来的却是兄弟、儿子的投降之举。作为叶赫部的后人，现在委身于爱新觉罗旗下，为其卖命，纳兰性德的心情是悲愤无比的。

他跳下马，用目光向小兀喇的每一寸土地致意，这一刻，他的思绪是混乱的。当年的往事，如今的身份，令他矛盾和迷惘。当忠与孝站在对立面时，纳兰性德只得以沉默来应对。

如今，小兀喇的野草疯长，掩盖了土地原本的模样。战争带给他们的生离死别已被淡忘，此处繁荣的造船业吸引了无数谋生的人们。纳兰性德望向远近忙碌的人群，其实他们早已不再是叶赫部的旧族。当年叶赫部败给努尔哈赤以后，叶赫族人虽然未受到亡国奴的虐待，却也不得不背井离乡。他们被分散编入满族各旗下，被迫搬离了世世代代生活的家园。

面对眼前的一切，纳兰性德这一番略有怨色的感慨却是万万不能诉诸笔端的，他只能在嗓子里含混地咕哝一句，权作释放。

> 长漂泊，多愁多病心情恶。心情恶。模糊一片，强分哀乐。　拟将欢笑排离索，镜中无奈颜非昨。颜非昨。才华尚浅，因何福薄。
>
> ——《忆秦娥》

纳兰性德长年累月地漂泊在外，像被风抛残的柳絮，每况愈下的身体令他心生愁绪。仕途中的虚伪,让他不得不强颜欢笑。这些假借的欢笑,无法排遣他的寂寞与烦闷。镜子中的他,又有许些苍老。

他自叹自怜地写道:

> 参横月落,客绪从谁托。望里家山云漠漠,似有红楼一角。　　不如意事年年,消磨绝塞风烟。输与五陵公子,此时梦绕花前。
>
> ——《清平乐·发汉儿村题壁》

参星横斜,远远地望向那些冷峻的山脉,好像看见了家乡的那间红色楼阁,思乡之意绵绵,但却身不由己。风烟之中,唯有清梦相伴。

这种长期哀怨惆怅的心情给纳兰性德的身体带来了巨大的伤害,也为他"情深不寿"的结局埋下了隐患。

# 第四章

## 夫妻不在乎贵贱

## 第四章 夫妻不在乎贵贱

　　一生一代一双人,争教两处销魂。相思相望不相亲,天为谁春。　　浆向蓝桥易乞,药成碧海难奔。若容相访饮牛津,相对忘贫。

——《画堂春》

　　"舍不得"是人性中最软弱的情感,一旦拥有就舍不得放下,用尽全力去珍惜当下,就算有一天要失去,也依然无怨无悔。对于未来,没有谁能预知。在青春绚烂处开始,在芳华将尽时结束。也许这种情感会纠结一生,舍不得一段精彩的爱情,舍不得一份嘘寒问暖的情意,舍不得失去心中至爱的人。

　　花开花落惜天定,缘深缘浅命里归。两人分明是一生一代的天作之合,却偏偏不能在一起,身处两地又相思相望,各自黯然神伤。不知道上苍究竟为谁,造就这美丽青春,又整日不得相亲,枉教人凄凉憔悴。在分离的日子里，度日如年；在相聚的时刻，又日夜如梭。

回忆里每一次深情的回眸，都会令心湖泛起涟漪，一波又一波地荡漾开去。曾记得，在喜庆的锣鼓声里，那双羞涩的眼睛盯着绣花鞋，从脚尖处窥探着外界，又惊又喜的模样，就这样定格。

还记得那句话："若我白发苍苍，容颜迟暮，你会不会依旧如此，牵我双手，倾世温柔？"可还未等他开口，她就先他而去，留下他一个人煎熬地守着岁月。他常想，若能像牛郎织女，于天河相见，即使抛却荣华富贵也心甘情愿。

可天地就像一间空房子，在空洞的房间里，他找不到那座鹊桥，也找不到走出去的门。

## 第四章 夫妻不在乎贵贱

## 天涯知己谁

爱情的花朵,总在最好的时光绽放,散发出阵阵诱人的幽香。表妹离开以后,纳兰性德迎来了驻守他生命的那个她,柳叶黛眉,双眸含笑,牵扯住了他全部的心意。他希望他们能够在这美好的春光里一直相爱下去,直到永远。

那时,纳兰性德接连遭遇棒打鸳鸯和身患"寒疾"的双重打击,几乎一蹶不振,生性多愁善感的他,将自己的痛苦和忧郁都倾注于词中。见此光景,纳兰明珠和觉罗氏也非常着急,于是开始着手操办儿子的婚事。但纳兰性德还没有从失去表妹的痛苦中走出来,哪有心思另结新欢,而且对父母将表妹送进宫去这件事,他还有些许埋怨。

这天傍晚,空中的霞光绚丽满天。

纳兰性德独自呆坐在院中小亭内,目光看着远方,思绪万千。

"性德,我儿为何在此发呆?"不知何时,纳兰明珠沿着长廊而来。

"阿玛，我……"突然被问话的纳兰性德，没有想到纳兰明珠会在此时此刻来到后花园的小院内，见到威严的父亲，纳兰性德心中有些紧张，第一反应是自己做错了什么事，父亲是来责问他的。

"没……没有别的事。"纳兰明珠知道自己平时与儿子交流甚少，每次见面都很难说到一块，最后弄得不欢而散，"今天阿玛找你，是有件事想和你商量。"

从来都是命令语气的纳兰明珠，这次却用平和的语气跟儿子说要商量事情。纳兰性德有些疑惑。

"你也老大不小了，喜欢诗词歌赋不是不好，但也要考虑一下终身大事。阿玛和额娘帮你定了卢总督的女儿。"说到这里，纳兰明珠有意识地看了看儿子的表情，看到他一副沉默的样子，又继续说道，"我之所以想和你商量一下，是想定个日子，好把这件事给办了。"

"哦！"纳兰性德过了好一会儿才回过神来，父亲依然如此独断，自己的婚姻大事早已被安排好了。虽然他说来"商量"，但其实是由不得商量。

他只能无奈地叹气，说道："阿玛已为儿子考虑好了，喜事的日子还是由阿玛做主吧。"随后向父亲作了个揖，惆怅地独自回房去了。

纳兰性德不得不听从家庭的安排，迎娶两广总督、尚书卢兴祖的女儿。在未过门前，对方长得如何、性情怎样，纳兰性德是不知道的。原就为表妹而心死的他，似乎对这个新娘不是很期待，而是一副无所谓的样子。

## 第四章 夫妻不在乎贵贱

卢兴祖的女儿到底如何？叶舒崇在《皇清纳腊室卢氏墓志铭》中有这样的记载：

> 夫人卢氏，奉天人，其先永平人也。毓瑞医间，形胜桃花之岛；溯源营室，家声孤竹之城。父兴祖，总督两广、兵部右侍郎、都察院右副都御使。树节五羊、申威百粤。珠江波静，冠赐高蝉；铜柱勋崇，门施行马。传唯礼仪，城南韦、杜之家；训有诗书，江左潘、杨之族。夫人生而婉娈，性本端庄，贞气天情，恭容礼典。明珰佩月，即如淑女之章；晓镜临春，自有夫人之法。幼承母训，娴彼七襄；长读父书，佐其四德。

论两户家世，卢兴祖是汉军镶白旗人，顺治十四年（1657年），迁大理寺少卿，后被提拔为广东巡抚，康熙即位后担任两广总督，是清朝有名的封疆大吏。

康熙五年（1666年），时任两广总督的卢兴祖上书朝廷，奏请批准让广西土司的优秀子弟就近入学读书。卢兴祖重视文化，提出"教化莫过于学校"的看法，兴办了一些学校并推广教育。

卢兴祖的女儿从小跟随父亲南下，在广州长大，十八岁时又同父亲从广州回到京城。从北到南，又从南到北，卢氏走了很多地方，增长了很多见识，是个独立、有主见的女孩。

"嫁女必胜吾家，娶妇不若吾家。"那时婚嫁非常讲究门楣相当。卢兴祖的女儿作为两家人的纽带,牢牢地绑在明珠府上,至此在命运上两户人家将一荣俱荣,一损俱损。纳兰明珠是京官,而卢家是封疆大吏,朝廷与地方一旦被姻亲联系起来,就是件互惠互利的事。由此可见这是一场政治联姻,因此对这个还未过门的妻子,纳兰性德开始的态度是漠然的。

但时光总会给人带来惊喜。纳兰性德本以为他与卢氏差距较大,不会有什么共同语言,甚至没有把这件事放在心上,只是觉得不应该违背父母的意愿,所以不得不答应下来。

良辰吉时已至,明珠府门前张灯结彩,鼓乐齐奏,吹吹打打好不热闹,官员眷属们盛装华服,应接不暇。

婚礼的喧嚣一直持续到深夜才停止。纳兰性德终于有机会与刚拜过堂的妻子单独相对。红色的烛光照在大红的婚床上,卢氏一身金线滚边的大红袍,头盖红巾,端坐在床沿。她透过红巾,看到屋内的纳兰性德似乎在缓缓地走近她,可每当快要接近的时候却又退了回去,好像在思量着什么。

时间慢慢地过去,人群也渐渐散去。等待良久的卢氏开始不安起来,就在她伸出纤纤玉手,正欲抬起红巾时,纳兰性德突然跑过来坐在她身旁,让她吃了一惊。随后婚房的门被人推开,叽叽喳喳地进来一群女眷,原本安静的房间顿时热闹起来。她们欢快地嚷着要纳兰性德挑起红巾,好一窥新娘子的模样。纳兰性德好像也是拗不过的样子,连连说道:"姐姐妹妹,不要这般无礼。"声音儒雅,全无怪罪之意。他既害羞又不得不伸出手去,刚触到盖头的下角儿,竟然感受

| 第四章 | 夫妻不在乎贵贱

到她的鼻息,心不由得怦怦乱跳,蓦地又把手缩了回来。镇静了一会儿,又再次鼓起勇气,拘谨地揭开新娘子的红巾。这时,他才第一次看到她的脸。秀丽的柳叶眉下粉黛圆睁,红润光泽的肌肤带着羞涩红晕。她迅速地在纳兰性德的脸上扫了一眼,便急忙垂下眼睑,紧张得手足无措。这一眼,让她看见了清俊而又文雅的纳兰性德,同时,也生出无数的春风和细雨滋润了纳兰性德的心。

"卢氏生得是一副贵夫人相啊!"旁边看新娘子的姐姐妹妹们同时发出赞叹。

"各位姐妹,新娘子都见着了,还是散去吧。"纳兰性德露出了羞怯之意。闹洞房的人见状后,便知趣地逐一退了出去。

十八年来堕世间。吹花嚼蕊弄冰弦。多情情寄阿谁边。
紫玉钗斜灯影背,红绵粉冷枕函偏。相看好处却无言。

——《浣溪沙》

十八岁的卢氏,在纳兰性德的多情中找到了心灵的依托。嫁入明珠府后,她很快便赢得了府中上下的喜爱。她聪慧机敏又善解人意,是非同一般的女子。卢氏从不追问纳兰性德的过去,一直用包容的态度去体谅他。有时,她看到纳兰性德独自坐在一处发呆,也不上前打扰;偶然发现他写给初恋情人的那些诗词,也不会心生忌恨,而是被深深地打动。

纳兰性德在卢氏身上感觉到,这场政治婚姻并没有那么残忍,至少他的卢氏是位温婉的女子。他愁苦时,她静静地陪伴左右;他焦灼时,她细语抚慰;他繁忙时,她备好清茶;他夜晚读书时,她"红袖添香",或者与他赋诗研读。

她能读懂纳兰性德,甚至帮他收藏那些凄婉动人的爱情词作,哪怕那些词句是写给另一个女人的。她温柔体贴地照顾着纳兰性德,用欣赏的眼光去看待他的才华,用理解和宽容去抚慰他的愁绪。

就算纳兰性德是座冰山,也会被融化,况且他生性就是那般多情。

真正的爱情在敲门了,纳兰性德怎么能无动于衷?随着两人的了解逐渐加深,纳兰性德发现卢氏不仅饱读诗书,拥有闭月羞花之貌,还有一颗豁达之心。他们的感情随着了解的增多而逐步加深,从最初的漠然到相互理解再到心心相惜。纳兰性德有很多诗词都是描写他们夫妻生活的,气氛温馨而惬意。

散帙坐凝尘,吹气幽兰并。茶名龙凤团,香字鸳鸯饼。
玉局类弹棋,颠倒双栖影。花月不曾闲,莫放相思醒。

——《生查子》

房内的书卷因忘记翻看而散落一旁,词人品着龙凤茶,点着鸳鸯饼的香料,和心爱的人一起下棋,每次都会假装认输,以博美人一笑。花前月下,笙歌醉眠。

## 第四章 夫妻不在乎贵贱

才子与佳人吟诗作赋,谈天说地。他们是伴侣,亦是知己。书案前,她为他泡茶、熏香、研墨;冷了为他添衣,热了为他执扇。他感激,一颗心总是甜甜的、暖暖的。

## 婚后琴瑟合

相遇是缘,相知是福。如果他们不曾相遇,那花非花,梦非梦,两人的世界将永远是一副波澜不惊的样子,少了很多精彩。

婚后第二年,仲秋时节,云淡天高,趁着浓浓的秋意,纳兰性德信步院中绿树下,一股淡雅清甜的香气扑鼻而来,这时他才发现院中墙角种植着一株桂花,满树花开,满院飘香。

"阿玛说,桂花就是早生贵子。"卢氏随后走来。

"那我们呢?"纳兰性德握着妻子的手,轻声问道。

"你说呢?"已怀有身孕的卢氏反问道。

结婚两年,他们在明珠府过着神仙眷侣般的日子,鹣鲽情深,恩爱有加。

昨夜浓香分外宜,天将妍暖护双栖。桦烛影微红玉软,燕钗垂。　几为愁多翻自笑,那逢欢极却含啼。央及莲花

## 第四章 夫妻不在乎贵贱

清漏滴,莫相催。

——《山花子》

这首词上片写烛影轻摇,燕钗低垂,红玉香软,双栖双宿,烘托出词人的大好心情;下片则移情于景,"央及莲花清漏滴"是祈求更漏滴得再慢一些,好让这幸福的时光多停留一会儿。

纳兰性德后来还在另一首《山花子》中将妻子卢氏与东晋女诗人谢道韫相比,以赞赏她的飘逸脱俗。

林下荒苔道韫家,生怜玉骨委尘沙。愁向风前无处说,数归鸦。　半世浮萍随逝水,一宵冷雨葬名花。魂似柳绵吹欲碎,绕天涯。

——《山花子》

谢道韫是东晋安西大将军谢奕的女儿,非常有文才,曾以"未若柳絮因风起"的咏雪名句而为人称赏。纳兰性德认为自己的妻子不但才貌双全,而且有"林下风致"。

卢氏和纳兰性德一样淡泊名利,她发自内心地感慨:"林下闺房世罕俦,偕隐足风流。"这也是纳兰性德的向往,他愿与卢氏一同远离红尘俗世,去过自由自在的隐居生活,那才是他梦寐以求的浪漫人生。

> 林下闺房世罕俦,偕隐足风流。今来忍见,鹤孤华表,人远罗浮。　　中年定不禁哀乐,其奈忆曾游。浣花微雨,采菱斜日,欲去还留。
>
> ——《眼儿媚》

在那山林田野的隐居之处,绿意浓浓是美满,落叶缤纷是新生,嫩芽初长是蓬勃,孤零仰望是希望。林子里每一棵树都充满了爱意,阳光如星星般洒向大地,仿佛她的心在悦动。

他们的合适主要体现在性情上。卢氏颇有才华,且性情温和、为人低调,是传统意义上的贤妻良母。在表达爱意方面,她只会在做针线活儿的时候,悄悄绣上鸳鸯的字样,或是绣上具有象征意义的图案。偶尔写首情诗,也只是偷偷地留给自己看,尽管那是写给自己丈夫的,她也会觉得害羞。

> 点滴芭蕉心欲碎,声声催忆当初。欲眠还展旧时书。鸳鸯小字,犹记手生疏。　　倦眼乍低缃帙乱,重看一半模糊。幽窗冷雨一灯孤。料应情尽,还道有情无?
>
> ——《临江仙》

某天晚上,纳兰性德随手翻开一本以前常看的书,看到了妻子卢氏熟悉的笔迹。这让纳兰性德想起了新婚不久的时候,他看见妻子坐在书桌前发呆,手里还拿着一支笔,好像要写什么,却迟迟没有落

## 第四章 夫妻不在乎贵贱

下。纳兰性德悄悄地走了过去,蹑手蹑脚地绕到卢氏身后,想看看她到底在写什么。卢氏原本神情专注,突然发现丈夫站在自己身后,立刻慌了手脚,第一反应就是要藏起桌子上摊开的书笺,怎奈还是慢了一步。纳兰性德抢过书笺,看到卢氏写给自己的情诗。卢氏顿时羞涩不已。

那时女子讲究的是"三从四德",重女红不重读书。卢氏能吟诗作赋,出口成章。但这才华是不能传出去的,不然有损女孩儿家的名声。故而纳兰性德说卢氏写个"鸳鸯"也觉得手生疏,要冥思苦想半天。实际上,她经常和纳兰性德一起读书论道,这里这样写,是有些委屈卢氏了。

卢氏懂得如何取悦自己的丈夫,偶尔也会陪纳兰性德小酌几杯,从词句"被酒莫惊春睡重"中即能读出平日里二人饮酒赋诗的情形。在纳兰性德眼中,她既是才华横溢的知性女子,亦是夫唱妇随的柔情女子。

纳兰性德对琴棋书画均有研究,曾师从禹尚基、经岩叔等人,后来更是与严绳孙、张纯修等画师成为好友。因此,他的书房中除了书籍以外,也藏了许多画作。一日,卢氏在整理书房时看见博古架上有一卷画轴,便随手打开。原来是一幅美人纳凉图。只见画中美人低首,斜依于庭院的假山之前,手持凉扇正在休憩。此画中人是谁?低低的下额分辨不清脸型,衣服上褶皱清晰,人物体态栩栩如生。

再仔细看这幅画,没有题款也没有落章,不知是何人所作。这时纳兰性德走进来,看见卢氏在看画像,他笑而不语。直到卢氏问起他时,纳兰性德才神秘地告诉她,画中的美人正是她。

卢氏非常吃惊,完全不能相信,她挑剔地说:"这幅画的线条细腻,用色淡雅,脸型和身姿一点儿也不像我。"

"怎么不像你了?这分明是夏日炎炎,你在庭院里乘凉的样子。"纳兰性德辩白道。

"你呀!净胡说,你当真是画的我呀?看看我现在的身段,哪里有画中的婀娜多姿?"卢氏假装生气,其实心中却十分甜蜜。

"这!这不画的是你去年的样子嘛。"快要当父亲的纳兰性德继续说道,"画中女子貌若芙蓉,云鬓峨峨,瑰姿艳逸,当真如仙女下凡。"

说着,他从卢氏手里接过画轴挂在墙上。这也是卢氏此生唯一的画像。

旋拂轻容写洛神,须知浅笑是深颦。十分天与可怜春。
掩抑薄寒施软障,抱持纤影藉芳茵。未能无意下香尘。

——《浣溪沙》

这是纳兰性德为爱妻卢氏而作的一首词。他频频地拂拭绢纸为她画像。上天将她生得如此美丽可爱,连浅浅的皱眉都好像是在微笑。她的美是天生的,不矫揉造作。她是不小心来到尘世的仙女。

多少柔情在诗情画意中纷飞,多少爱恋在他的词句中深种。最美的爱情,无非是在那个烦扰的世界里还能保持一份诗意的,不染世俗的，高雅、恬美的浪漫情怀。

爱情的伟大是因为它能够转化成精神的力量。纳兰性德的大多数作品都是二十岁以后创作的，其中不少词作都与卢氏有关。在与卢氏相伴的日子里，纳兰性德考中进士，又被任命为御前侍卫。可以说，卢氏激发了纳兰性德的才情，促使他不断进取。

卢氏不求自己风光无限，不求自己青史留名，她存在的重大意义就是深爱自己的丈夫。婚后生活的这两年是她与纳兰性德一生中最幸福的时光。

纳兰性德被选授为御前三等侍卫后，不久就要随驾出行。两人即将面对两地分居的生活。

> 月华如水，波纹似练，几簇淡烟衰柳。塞鸿一夜尽南飞，谁与问、倚楼人瘦。　韵拈风絮，录成金石，不是舞裙歌袖。从前负尽扫眉才，又担阁、镜囊重绣。
>
> ——《踏莎行》

扈驾在外的纳兰性德，独自一人时，不禁多了几分惆怅。看月光如水，波纹如练，烟霭淡淡，残柳几株。仿佛就在一夜之间，大雁已尽数南飞。回首过往，没有好好珍惜那些美好的时光，真是辜负了妻子的才情。

## 侍卫愁怨多

幸福这只手突如其来地攀上了纳兰性德的生活,让他有点甜蜜得不知所措。也许是前世在三生石上刻下了诺言,才有了今生这次相遇。就在他们情意绵绵、如胶似漆的时候,圣上忽然降旨,命纳兰性德随行密云。

卢氏不免怅然落泪,但心里纵然有万般不舍,也还是要以大局为重。她替丈夫整理好行装,临行前又千叮咛万嘱咐:"出门在外,无人调护。夫君,起居饮食,务须经心!"

烟暖雨初收,落尽繁花小院幽。摘得一双红豆子,低头,说著分携泪暗流。 人去似春休,卮酒曾将酹石尤。别自有人桃叶渡,扁舟,一种烟波各自愁。

——《南乡子》

| 第四章 | 夫妻不在乎贵贱

风雨初晴,远处升起暖暖雾气。幽静的小园里繁花落尽。卢氏采下两颗红豆,低头和纳兰性德说着分别的话语,说着说着,不禁泪流满面。

正所谓"一切景语皆情语"。在这种幽静的意境中,可以看到分别在即的两人难舍难分的景象。爱人离开之后,好像连春天也被他带走了,从此一种相思两处闲愁。纳兰性德走出府门外,她仍恋恋不舍地望着夫君的背影,希望离别的脚步走得慢点,再慢点,这样便能多看对方一眼。

念,已经不再是昨日的故事。春去秋来,大雁又飞过了绵绵群山。心头飘荡的落叶,早已经铺满了千里万里。任凭雨水打湿眼角,任凭思念翻山越岭,想念,让人愈加忧伤,愈加憔悴。

康熙十五年(1676年)九月,纳兰性德离开怀有身孕的卢氏,随康熙帝到墙子路①行围。

行围之后,康熙并没有回朝之意,而是越过长城,出塞北巡。纳兰性德想到家中怀孕的妻子,心中焦灼万分而又无可奈何。他在路途之中有词云:

峰高独石当头起,影落双溪水。马嘶人语各西东。行到断崖无路小桥通。　朔鸿过尽归期杳,人向征鞍老。又将

---

① 墙子路长城位于北京密云县城东约40公里。长城自平谷进入密云境的第一大关隘为墙子路关,是明长城上的一座重要城池,地势险峻,自古以来为兵家必争之地。

丝泪湿斜阳。回首十三陵树暮云黄。

——《虞美人》

  山峰险恶，巨石压顶。阳光只能通过山间的夹缝，半遮半掩地投影至山谷的溪水间。人马在崎岖的山路上艰难地前行，不知还要多少日子才能抵达目的地，照此下去回家无期。

  泠泠彻夜，谁是知音者。如梦前朝何处也，一曲边愁难写。　　极天关塞云中，人随落雁西风。唤取红襟翠袖，莫教泪洒英雄。

——《清平乐·弹琴峡[①]题壁》

  在一行人马途径居庸关时，纳兰性德在苍劲的秋风之中，感慨良多。他将这首《清平乐》题于壁上，抒发行役之愁。

  水声清幽悦耳，彻夜回荡，但谁又是它的知音呢？前朝如梦，边愁难写。极目望去，征人与征雁同行于秋风之中。如此悲凉之景，不禁让人伤怀。

  纳兰性德一生最大的心愿，再一次在这首词中提出，他渴望身边有一个知己，而他的知己卢氏又远在京城。此时此刻，他的心事，在这天地之间，白日黑夜，无人能理解。

---

① 《大清一统志·顺天府》："弹琴峡，在昌平州西北居庸关内，水流石罅，声若弹琴。"

## 第四章 夫妻不在乎贵贱

接下来的几年里,纳兰性德一直随康熙皇帝从北至东、从东至南各地巡查。因此,与家人离别对他来说如同家常便饭。正如他在词中说的那样,"刚是尊前同一笑,又到离别时节"。这其中的种种思念与牵挂,也成了他多情的见证。

杨柳千条送马蹄,北来征雁旧南飞,客中谁与换春衣。
终古闲情归落照,一春幽梦逐游丝。信回刚道别多时。
——《浣溪沙·古北口》

千万条柳丝在微风吹拂下摇摇摆摆,好像是在迎送这飞扬的马蹄;去年秋天往南飞的大雁,现在也飞回了北方,而自己依然扈驾在外。眼前盎然的春意与心中的惆怅形成了鲜明的对比,也流露出纳兰性德对这种消磨青春时光的扈从生活的厌倦。

康熙十六年(1677年)二月,纳兰性德随康熙南苑行围。这次出行让纳兰性德在原有离愁的基础上又多了一份对未来的迷茫。

据《清圣祖实录》记载,康熙皇帝此次大阅于南苑,登上晾鹰台,编阅军容。又率内大臣、侍卫等演习马步射,并命内大臣、侍卫、大学士、学士、起居注官,以次列坐。官兵俱于台下,分旗列座,赐宴。

纳兰性德的《南海子》记录下了这次阅兵的盛况:

分弓列戟四门开,游豫长陪万乘来。

## 侍卫愁怨多

> 七十二桥天汉上,彩虹飞下晾鹰台。
>
> ——《南海子》

"彩虹飞下晾鹰台"说明当时的场面声势浩大,气贯长虹。这种场面、这种气魄也是纳兰性德所向往的,他曾有"志吞鲸鲵"的梦想和"亲挽银河"的壮志,但他所盼望的"彩虹桥"却不知何时才能降落到他的面前。

纳兰性德一向把跟随皇帝出巡当成是天涯行役,是最没出息的差事。他认为自己的远大抱负难有人理解,也想到世间万物变化无常,实现理想恐怕是非常渺茫的事。

朝廷里的明争暗斗从来都不会停止,纳兰性德和他的父亲纳兰明珠一直都是暗中被人忌妒和攻击的对象。虽然纳兰性德看不惯父亲的行为,不愿意与他成为一丘之貉,但父子二人的命运实则被紧紧拴在一起。在其他大臣看来,康熙对纳兰性德的态度,其实也是对纳兰明珠的态度。

处于封建专制统治下的臣子,其实都是皇帝手上可以任意取舍的棋子,群臣之间为一己私利而借机除掉政敌的事情层出不穷。纳兰性德虽不愿身涉其中,却也明白父亲的处境。当时,纳兰性德身为侍卫,在皇帝近身处办差,可谓如履薄冰,一言一行皆需谨慎。

这种生活实在与他的理想相去甚远,加之羁旅天涯、亲人分离的凄苦,种种重压和折磨笼罩着纳兰性德,冷却了他的仕宦之心。虽然他从三等侍卫晋升到一等侍卫,但却始终闷闷不乐。御座近在咫尺,

## 第四章 夫妻不在乎贵贱

理想却在天涯。

> 客中愁损催寒夕，夕寒催损愁中客。门掩月黄昏，昏黄月掩门。翠衾孤拥醉，醉拥孤衾翠。醒莫更多情，情多更莫醒。
>
> ——《菩萨蛮·回文[①]》

夜色如墨，浸着丝丝寒意，在无边的暮霭中缓缓晕染开来。干涩的眼眶不觉已氤氲了一层薄薄的雾气。周围的寒气让本已冷寂的纳兰性德更加孤独。整日为帝王奔波而无法顾及妻儿，这是纳兰性德身不由己的最大痛苦，每每想到此处他便忍不住要借酒消愁。

他将良辰美景关在门外，一个人在房内披着翠衾，大口大口地喝酒，醉意弥漫之际仿佛看到妻子就在身旁，但一阵夜风吹来，头脑便随之清醒，可心里却更加痛苦，似乎全身的细胞都浸泡在无边的苦海中，浮浮又沉沉。

---

[①] 回文：诗词中的一种修辞手法。即某些诗词字句，回环往复读之均能成诵。

## 第五章 生死阻隔孟婆汤

## 第五章 生死阻隔孟婆汤

而今才道当时错,心绪凄迷。红泪偷垂,满眼春风百事非。情知此后来无计,强说欢期。一别如斯,落尽梨花月又西。

——《采桑子》

人生总是有太多期待,却也总是一直失望。

无论如何小心翼翼地对待生活,也意料不到命运的安排。有些事还没来得及完成,有些人还没好好地拥抱,命运便将他们夺走,只留下悲伤。

轻烟缥缈,淡水微波。几番在真实与虚幻中挣扎,徘徊在梦与醒的边缘。然而时光依旧,流年继续,纳兰性德只能在人生的旅程上独自一人飘零。

有时,情到深处,却无处消愁。他会变得面无表情,变得没有言语。是她，让他知道，原来难过的极限不是痛彻心扉，而是无言以对。

春风满眼，春愁婉转。在繁花似锦的春景里独会百事皆非的悲怀，尤感痛苦。此时此刻，欲哭无泪，欲诉无言。落尽梨花月又西，情语写到尽处，唯有伤怀。

他在梦中找寻着丢失的灵魂。轻盈的晚风，摇曳着记忆里不曾隐去的忧伤。他在这如梦如幻的季节，依然轻思浅念，望着那被风剪去的碎影，执着地依依不舍。

## 西风吹冷月

一抹绝情泪,望尽天涯路;一曲悲歌,唱断前世今生。

连日来细雨连绵,卢氏一直感觉有些憋闷,心绪不宁,坐立难安。雨终于停下来,她隔花遣闷,偶然听见燕子的叫声,抬头一看,只见梁上的燕子双双归来,便触景伤情,暗自生怨:燕子不管离人之苦,只顾双宿双飞,还不如那柳条倒是知道人间的冷暖,默默地垂着,似乎知道同情自己的心境。

独立在门前的台阶上,眺望远处的高山,那山仿佛一扇屏风,她希望夫君能从屏风的后面走出来,但却始终不见踪影。她失望地返回闺中,轻轻叹息。爱到深处覆水难收,情至深处无计消愁。那些陷身于流年里的忧伤,忘不掉、挥不去,却又把它当作是一场永恒。

纳兰性德于康熙十六年(1677年)三月返家。终于盼到丈夫回来,卢氏本想把别后一个人在闺房的苦恼全部倾诉出来。但在看到丈夫的瞬间,她满腔的离恨却都烟消云散了。纳兰性德看见楚楚动人的妻子，不觉心潮起伏，于是执笔写下了一首《鹧鸪天·离恨》：

> 背立盈盈故作羞，手挼梅蕊打肩头。欲将离恨寻郎说，待得郎归恨却休。　　云淡淡，水悠悠。一声横笛锁空楼。何时共泛春溪月，断岸垂杨一叶舟。
>
> ——《鹧鸪天·离恨》

天上行云淡淡，不远处水声潺潺。不知何人吹奏的笛声，在寂寥的楼台上呜咽盘旋。什么时候才可以在这样的月色下，泛舟溪上，彻底忘掉一切羁绊？

卢氏肚子里的小生命就快要降临这个人世了。但实际上，纳兰性德已不是第一次做父亲。一年前，侧室颜氏生下长子富格，那个聪明漂亮的孩子如今已能牙牙学语。

在清朝，男人三妻四妾是为平常，所以他除妻子卢氏外，还有一位侧室颜氏。颜氏家世已无从考证，史料里也找不到有关她的记载。只能猜想颜氏的家世不比正室卢氏显赫，但也不太可能是普通人家的女儿，应该是旗人之后。

纳兰性德对于颜氏始终是不冷不热，情感上也是淡淡的。但不管怎么说，颜氏为明珠府添了个长孙，因此受到全家人的喜爱。

卢氏是在颜氏生下富格后的第二年怀孕的。纳兰性德由衷地感谢两位女子的敦厚善良、大度豁达，于是三人在渌水亭边种下了两株明开夜合花，以示夫妻和睦。

## 第五章 生死阻隔孟婆汤

纳兰性德一向钟情于雅淡的明开夜合花。那一树的明艳也为季节增添了色彩，使渌水亭变得亮丽起来，也驱散了纳兰性德心中的惆怅，让他的心感到暖暖的。

他记得去年秋季的一个午后，卢氏拉着他的手说："晚上，想捉流萤，可有兴趣一同？"

"你身子不便，晚上就不要出屋了，万一着凉了怎么办。"纳兰性德说道。

"天还不冷，怎会着凉，再说有你在，我巴不得着凉了有你照顾呢！"卢氏撒起娇来。

纳兰性德最后还是没有抵挡住妻子的温柔娇语，两人在入夜时分，悄悄带着几只布袋子向后院的草丛跑去。

卢氏挽起绣有祥云鱼子花纹的袖子，手持一柄团扇，笑盈盈地在院内扑着流萤，那婀娜多姿的身段，一会往左倾，一会往右倒，只叫纳兰性德看得入了神。

"哎呀！"卢氏一心想抓住从草丛里飞出的流萤，却一不小心与纳兰性德撞到了一起。看着妻子香汗淋漓的样子，纳兰性德感到可爱又温馨。

露下庭柯蝉响歇。纱碧如烟，烟里玲珑月。并著香肩无可说，樱桃暗解丁香结。　　笑卷轻衫鱼子缬。试扑流萤，惊起双栖蝶。瘦断玉腰沾粉叶，人生那不相思绝。

——《蝶恋花》

蝉鸣时节,皎洁的月亮下,她拿着小扇去捉萤火虫,却把栖息的蝴蝶惊起,娇憨可爱。但欢乐愈甚,离开后的悲痛也就愈烈。

返家不过一个月,四月时,纳兰性德又不得不离开家人,扈跸霸州,无法陪伴即将临盆的卢氏。

霸山重镇奠神京,鸾辂春游淑景明。
万呱银涛冲古岸,四围玉甃护严城。
花乘暖日迎来骑,柳带新膏绾去旌。
八寨雄图今更固,行随赏乐胜蓬瀛。

——《扈跸霸州》

霸州辖文安、大城、保定三县,位于冀中平原北部三角地带的中心。纳兰性德随驾领略霸山风貌的时候,听闻这里盛产对产妇身体有益的金丝小枣,便想着给妻儿们带点品尝。这时,他接到一份急报,称爱妻卢氏即将临盆。

## 梦境皆虚幻

康熙十六年是纳兰性德生命中无法绕开的结。二十岁到二十二岁，这是纳兰性德相对幸福、美好的一段时光。但对于他来说，这些美好就像绚烂的烟花一样转瞬即逝，美到极致后便是无尽的黑暗。

那一年，纳兰明珠从吏部尚书升为武英殿大学士，位极人臣，权倾天下。也就是在那一年四月，纳兰性德的妻子卢氏即将临盆。当时，明珠府里所有的人都盼望着这个孩子的出世。

临盆前，卢氏一直在为胎儿一针一线地赶做衣衫。她一边穿针引线，一边沉浸在美好的遐想中。孩子将来会是什么样？长大后也会像他父亲那样英俊潇洒、风流倜傥，那么才高八斗、学富五车吗？她深深地陶醉于幸福之中，蓦地只觉得腹中如小鹿似的连蹬带踹。她感到揪心似的疼痛，急忙扔下手中的活计准备生产。

之后，卢氏产下一子，起名富尔敦。但她在产后受了风寒，一直缠绵病榻。

卢氏卧病不起，夜间时常呓语，浑身发烫。从霸州告假的纳兰性德急忙请御医诊治，御医说她是风寒所致，于是命人按药方抓了几剂药煎服。

纳兰性德万分焦急，早晚嘘寒问暖，亲自侍药床前，唯恐服侍不周。但多日调治后，病势未见好转，反倒添了咳喘，痰中还带有血丝。

纳兰性德又另请御医来诊，御医到卢氏病榻前见她面色蜡黄，看看舌苔，又切过脉象，结果诊断为肺痨。不想，遇上前一位庸医，误了诊。这位御医虽然瞧到了卢氏的症结，可是为时已晚。

  金液镇心惊，烟丝似不胜。沁鲛绡、湘竹无声。不为香桃怜瘦骨，怕容易，减红情。　　将息报飞琼，蛮笺署小名。鉴凄凉、片月三星。待寄芙蓉心上露，且道是，解朝酲。

——《南楼令》

词中"金液"是指道家炼制的一种长生药，这里特指为卢氏熬制的汤药。此时卢氏的身体已如风中柳丝一样孱弱不支，经常无声揾泪。纳兰性德看着原本娇艳丰润的妻子，渐渐变得苍白消瘦，心如刀割却又无计可施。

明珠府也想尽一切办法求医问药，想方设法保住卢氏性命。纳兰性德甚至想到了求助于神仙，他把妻子的生辰八字写在信笺上，希

## 第五章 生死阻隔孟婆汤

望神仙能把卢氏治愈,让奄奄一息的妻子康复起来,可这些都只是徒劳。

半个多月过去了,卢氏一连服了二十来剂药,虽然有众人的悉心侍候,但病情依然不见好转。纳兰性德心急如焚,以重金聘请名医,仍旧不见效果。他坐在病榻边上,握住爱妻灼热的手,她已无法像往常那样,与他一起对饮赋诗,也不会陪他一起宿醉。

卢氏原本丰满的面颊现在已深深瘦削,腮边的红晕也不见踪影,苍白的脸只有望向纳兰性德时,才会吃力地露出笑容。她额上渗出一颗颗亮晶晶豆粒般的汗珠,身子虚弱得不住地摇晃,上气难接下气,每次干咳都会蓦地咳出一口鲜血,几次险些晕厥。

富尔敦在一旁摆弄着小手,对于这个世界,他还一无所知。回想他出生一周时,明珠府里亲朋好友前来祝贺的情景犹如昨日,一家人期望的美好生活仿佛才刚刚开始,可转瞬间就被无情地打入地狱。

爱妻病入膏肓,纳兰性德却毫无办法。她挽住丈夫的手,两颊通红,额头又渗出些许细密的汗珠,只气若游丝地说了一句:"衔恨愿为天上月,年年犹得向郎圆。"然后,便不再有任何反应。纳兰性德急摸玉腕,脉象已若有若无,不过片刻卢氏已没有了呼吸。纳兰性德拼命晃动她的香肩,声泪俱下地呼唤她的名字,可这一回,任凭他再努力,也无法唤回心爱的妻子。

五月三十日,卢氏终于抵抗不过病痛的折磨,永远地闭上了双眼,离开了她刚刚出生不久的孩子和深爱她的丈夫。①

"红颜薄命,玉殒香消。"命运何其残忍,在给予幸福的同时又丢下了厄运。

一直以来,纳兰性德都与妻子感情笃深,无论欢喜还是落寞,都有爱妻陪在他身边,给他安慰。如此情意,他怎么能够忘怀。他只怨上天给他们的时间太短,这么快就生生将他们分离,天人永隔。半月之前她还在人间,就在纳兰性德眼前,扶病在灯下,操持着剪刀,轻轻剪掉了烛芯的灯花。怎想到就此一病,便成终生永别。

> 青衫湿遍,凭伊慰我,忍便相忘。半月前头扶病,剪刀声、犹共银釭。忆生来、小胆怯空房。到而今、独伴梨花影,冷冥冥、尽意凄凉。愿指魂兮识路,教寻梦也回廊。
>
> 咫尺玉沟斜路,一般消受,蔓草残阳。判把长眠滴醒,和清泪、搅入椒浆。怕幽泉、还为我神伤。道书生薄命宜将息,再休耽、怨粉愁香。料得重圆密誓,难禁寸裂柔肠。
>
> ——《青衫湿遍·悼亡》

如果说,此前的纳兰性德是沉浸在幸福的爱情中,那么此后的他,应该是孤独无所依抚。之前无法与妻子见面,是因为公务繁忙,

---

① 对于卢氏的死因,一直以来有两种说法,一是死于难产,二是死于产后亏虚或并发症。本书采用赵秀亭、冯统一在《饮水词校笺》中的说法:"时在康熙十六年春,卢氏死于产后虚亏或并发症。"

但总还有见面的时候，而如今阴阳两隔，是真的永远见不着了。

"青衫湿遍"，泪如雨下。把所着青衫都浸得湿透了，该是何等的悲痛，何等的凄凉。不用再有什么累言赘语，仅仅四个字，形神兼具，便足以让人将纳兰性德的痛彻心扉一览无余。

一直以来，他都与妻子感情笃深。无论是欢喜，还是落寞，爱妻都相伴左右，或以言语宽慰，或静静陪伴。这一点一滴，他都不敢忘怀。爱妻本来胆子就小，总是不敢一个人独处空房。可现在，她只能一个人栖居梨花树下，清冷幽暗，该是如何的凄凉寂寞、心惊胆战。

两心相依，却阴阳相隔，近在咫尺，又远在天边。纳兰性德祈祷上天可以给亡妻的魂魄以指引，让她出现在自己的梦中。他们一起重回那旧时时光，不必再忍受分离的痛苦。

纳兰明珠与觉罗氏知道卢氏已经谢世，便赶到儿媳的灵柩前看了最后一眼。经过多日的折磨，卢氏已耗得只剩下不堪入目的躯壳，脸上覆一方白纱。这番景象令两位长辈也触景生情地落下泪来。

依古代礼制，人在去世后不会立即下葬，需要停灵。停灵时间越长，说明身份越尊贵，这也表示活着的人对去世之人的依恋。古代皇帝最尊贵，一般停灵三年。清朝时规定，亲王停灵一年，郡王停灵七个月。平民百姓根据经济条件，停灵三天到四十九天不等。

卢氏被安放在双林禅院，停灵的时间有一年多，甚至超过了亲王贝勒。

这种违反礼制的行为，只能说明，纳兰性德始终不愿意相信卢氏已经离开了自己。在停灵的时间里，他一有空就去看望妻子，甚至一住就是几天。有一次他在词中说,突然看到卢氏笑盈盈地将衣服披在他身上。第二天天亮后,他想不明白,爱妻昨晚是怎么来到他身边的,怎么一早又从他身边消失了。

> 丁巳重阳前三日,梦亡妇淡妆素服,执手哽咽。语多不复能记,但临别有云:"衔恨愿为天上月,年年犹得向郎圆。"妇素未工诗,不知何以得此也,觉后感赋。
>
> 瞬息浮生,薄命如斯,低徊怎忘。记绣榻闲时,并吹红雨;雕阑曲处,同倚斜阳。梦好难留,诗残莫续,赢得更深哭一场。遗容在,只灵飙一转,未许端详。　　重寻碧落茫茫。料短发、朝来定有霜。便人间天上,尘缘未断;春花秋叶,触绪还伤。欲结绸缪,翻惊摇落,减尽荀衣昨日香。真无奈,倩声声邻苗,谱出回肠。
>
> ——《沁园春》

纳兰性德凝视摇红的烛影,不觉睡去,白日所思之人夜晚走入梦乡。风轻云淡,月华如水,今夕何夕?纵有红巾翠袖,谁又能拭你腮边之泪。梦醒了,爱妻软语仿佛仍在耳边徘徊,她的泪眼仿佛仍在眼前闪动,然而伊人何在?

纳兰性德沉溺于梦境不能自拔,披衣而起,在迷茫中寻觅着。有谁能见证这一夜的辗转、一夜的悲情?或许只有落在头发上的秋霜知道吧,可那究竟是秋霜,还是"朝如青丝暮成雪"呢?

## 第五章 生死阻隔孟婆汤

死者长已矣,又怎么能再续前缘?只有未亡人的回忆、愁绪还在不断滋长,看着曾经一起流连过的"春花秋叶",又一次感到了莫名的伤感。怎么能够承受如此痛苦的煎熬,还是把爱妻忘却吧!抹去她留在生活中的印痕,然而邻院幽幽的笛声,又一次把卢氏唤回到纳兰性德的身旁。

出殡那天,队伍很长,明珠府的仆人把卢氏的灵柩送至京郊皂荚屯。由众多的师友、忘年之交在皂荚屯西设灵棚,悬招魂幡、白幔,挂素帐、纸花至灵棚内摆灵堂,左立金童,右立玉女。灵柩前悬着卢氏的画像。供桌上放着香炉、烛台、金银锞子、钱币、纸帛、京式八宝、鲜嫩果蔬,一应俱全。灵柩两侧停满了纸马、纸牛、纸羊。僧人们在宽敞的灵棚里轮番唪经,祭奠亡灵。纳兰性德和卢氏的亲朋故友,皆着素服,男摘冠缨,女摘耳环,散着发,齐集灵堂前举哀致祭。

办完丧事后,纳兰性德拖着疲倦的身子来到卢氏住过的闺房。他推开门,床上没了爱妻,顿时觉得整个房间空空落落、冷冷清清。彷徨、迷惘、苦闷的情绪萦绕心头。

纳兰性德仍旧无法接受爱妻已经去世的事实。恍恍忽忽间,他好像看见卢氏还像往常一样,轻轻地走过来,给他披上外套,在他耳边温柔地催促:"天冷,快睡吧!"

> 泪咽却无声,只向从前悔薄情。凭仗丹青重省识,盈盈,一片伤心画不成。　　别语忒分明,午夜鹣鹣梦早醒。

卿自早醒侬自梦,更更,泣尽风檐夜雨铃。

——《南乡子·为亡妇题照》

纳兰性德想起与爱妻结合以来,自己先是为编纂《通志堂经解》奔波劳碌,后来又扈从侍卫,少有时间与她相伴相守,如今生死两隔,已无法相见,想到这里他尤其痛悔自己的"薄情"。本想通过丹青来重新和妻子相会,但泪眼模糊、心碎肠断,无法将她的容貌画成。

一想到卢氏姣好的面容、摇曳的身姿,纳兰性德就会感到心痛。她那温柔的、羸弱的最后叮咛,一遍又一遍地在午夜的梦中回荡,令人迷幻和眷恋,但醒来后却倍加感伤。

妻子与他志趣相投,生活美满和谐,他们本是幸运的。然而,命运似乎有意捉弄他们。而这种捉弄又好像永无终结,每当纳兰性德攀上幸福的高峰时,命运总是让他再次跌入谷底。

纳兰性德对卢氏一往情深,生死不渝。他把最真、最深的感情全部投入其中。他记得以往的你侬我侬,也记得曾经的海誓山盟。可斯人已逝,誓言难现,只留他独自背负着两个人的记忆,徒唤奈何。

第五章 生死阻隔孟婆汤

## 佛前伴青莲

爱妻的突然病故,带走了纳兰所有关于爱情的美好记忆。他不愿相信眼前发生的这一切,始终固执地以为妻子只是像往常一样睡着了。他无数次沉浸在梦中与妻子甜蜜地重逢。但是,梦醒后的凄冷与孤独却更残忍地折磨着他的心。

若能与卢氏再续前缘,纵使千金散尽又有何妨。纳兰性德不甘心爱妻就这样离去,他企盼两人能再次相会,哪怕只是无言地相望也好。他给自己做了一个不切实际的假设,如果可以,他愿用自己的寿命交换卢氏的再生,如果真有一处水草丰盛之地,真的存在牛郎和织女,他愿意放下尊贵的身份,永远守护妻儿,不问世事。

但深情的假设交换不了现实的残酷,纳兰性德醉倒在浑浑噩梦中,相思无路。

他不知该把怨恨投向谁,是无情的命运,还是残酷的现实。他在极度的悲痛中,找不到发泄的对象,最后只有转向自己。他后悔当初未珍惜与妻子在一起的美好时光，因此自怨、自悔，自己承担着一切痛楚。

纳兰性德从记忆的碎片中搜寻着妻子的一点一滴。彻骨的思念无情地吞噬着他的心，他只有通过手中的笔来宣泄对爱妻的永恒追忆，于是那一首首哀感顽艳的悼亡词便成了他们爱情的见证。卢氏去世后，绝望中的纳兰性德写下了大量的悼亡词，以此来倾吐他对妻子缠绵悱恻的思念之情。

　　春情只到梨花薄，片片催零落。夕阳何事近黄昏，不道人间犹有未招魂。　　银笺别梦当时句，密绾同心苣。为伊判作梦中人，长向画图清夜唤真真。

——《虞美人》

春去春归梨花落，片片飞舞的花瓣就像卢氏伤心时的眼泪，又似乎在为新亡之人招魂。当日海誓山盟，以为既结同心，生能同室，死则同穴，没想到转眼阴阳殊途。为了能再次相逢，纳兰性德甘愿做痴梦中人，对着画像天天念爱妻的名字，希望能够把她从画中唤出来。

　　曲阑深处重相见，匀泪偎人颤。凄凉别后两应同，最是不胜清怨月明中。　　半生已分孤眠过，山枕檀痕涴。忆来何事最销魂，第一折技花样画罗裙。

——《虞美人》

## 第五章 生死阻隔孟婆汤

记忆中,那次在曲折的栏杆深处见到妻子,她抹掉泪水,颤抖地依偎在自己的怀里。分别之后,在寂静的月明时分,最是害怕追忆往事。与卢氏同床共枕不过三年,纳兰性德却觉得半生已过,心态老矣。这种苍老是行走在旷野中劈头的一道闪电,迅疾猛烈瞬间经年,无处躲避。

银床淅沥青梧老,屟粉秋蛩扫。采香行处蹙连钱,拾得翠翘何恨不能言。　回廊一寸相思地,落月成孤倚。背灯和月就花阴,已是十年踪迹十年心。

——《虞美人》

这首词作于康熙二十二年(1683年),纳兰性德回到当日与卢氏的相处之所,却难觅往日的生活痕迹。青铜已老,辘轳架因长期无人使用而变得干涩起来,转动时发出阵阵嘶哑的声音,庭院长满青苔,意中人的踪迹也消散在蟋蟀声中。那失落在草丛中的翠翘,似乎可以见证当年的青春;而那让人魂牵梦绕的回廊,也在月下显得清冷无比。

明珠府里,卢氏走过的路、睡过的床、抚摸过的花朵,这些让人触景生情的景物,再思念又能如何。

辛苦最怜天上月,一昔如环,昔昔都成玦。若似月轮终皎洁,不辞冰雪为卿热。　无那尘缘容易绝,燕子依然,软踏帘钩说。唱罢秋坟愁未歇，春丛认取双栖蝶。

——《蝶恋花》

快乐幸福的日子是那样短暂，正如天上的月亮，只有一夕圆满，其他夜夜全是缺憾。纳兰性德感叹这种遗憾无法避免，即使他想如荀粲那样，不惜用自己的身体来为对方送去温暖，却依然无法换来两人的长相厮守。

尘世姻缘是那么容易断绝。但是，帘幕间的燕子就不一样，年复一年，辛苦奔波，还是和往常一样，踏在帘钩上轻轻地呢喃。再凄苦的词作也无法表达出他的悲伤，他企盼着与妻子一同化为蝴蝶，在花丛中双宿双飞。

天也好，月也罢，本来都是无情之物，可在有情人的眼里，却蕴含了深沉的情感。

上天夺走了爱妻的生命，纳兰性德无力对抗。可他不死心，也不甘心。尘缘虽短，可天上人间。他在佛的面前，苦苦哀求，期盼能与妻子来生再聚。

纳兰性德的悼亡词，几乎每一首都是这样的"凄婉"。他的爱情就在这些词中。他用自己饱含深情的笔墨告诉世人，什么是真正的爱情。

康熙十八年（1679年）三月，纳兰性德扈从康熙皇帝保定行围，他们行至北京西北郊群山台之上的大觉寺，当时那里已荒凉残破，燕巢筑在空空的梁上，壁画也显得清冷。但寺里的高僧们却还坚持在这

## 第五章 生死阻隔孟婆汤

幽僻的关隘之地，继续颂扬着佛法。

在这清幽的环境中，听着高僧们的诵经声，闻着幽幽的篆香，荒凉的院子也变得肃穆清雅。佛经梵语，总能让浮躁之人心神安定，连那看似荒芜的小院，此时也被笼罩上了梵光，不似平凡的荒芜。而此时的纳兰性德，也受到了佛法的感染，心中没有任何杂念，只觉一片空明。

此地，超脱了俗世之态，空旷寂寥，但绝不衰败。此间之意，回味阵阵。落日的余晖洒落在山坡上，天地间充满了金红色的光。纳兰性德迎着夕阳牵马走上西山，步履沉重，神情恍惚，现实的残酷已把这位年轻的御前侍卫折磨得身如槁木，心如死灰。

此后，北京西郊旸台山的大觉寺里，常常出现一位身着锦袍、腰金拖紫的年轻人，在正殿佛像前若有所思地俯身拨弄着一盏惨淡的青灯，虔诚地烧香、叩拜。

虽痴迷于佛家经典，但并不意味着纳兰性德从此看破红尘。这佛教的信仰，与其说让他超脱世外，还不如说让他更加沉浸在现实的悲剧中无法自拔。因为佛家所说的轮回转世，不过是他无法忘怀现实痛苦的一种情感寄托罢了。但事实上，谁也无法许下一个来生。

秋分过后，当丰收的喜悦渐渐退去，随之涌来的便是丝丝愁绪。放眼望去，绿叶开始飘落，鲜花开始凋零，全没有了夏季那种枝繁叶茂、百花争艳的热烈。瑟瑟秋风、绵绵秋雨，更给人平添了几分凉意。

燕垒空梁画壁寒，诸天花雨散幽关。篆香清梵有无间。
蛱蝶乍从帘影度，樱桃半是鸟衔残。此时相对一忘言。

——《浣溪沙·大觉寺》

看燕子在寺中空梁上筑巢，绘有壁画的墙壁上透出一丝丝凉意，花絮纷飞，如同护法诸神撒下爱的花雨。空气中弥漫着篆香的烟气，诵经的声音似有若无。蝴蝶翩跹从帘幕下飞过，枝上的一颗樱桃被鸟儿啄去半颗，此情此景必有别样的意蕴，令人相对忘言，心领神会。

十月初五是卢氏的生辰，就在前一天夜里，纳兰性德又梦到了自己的妻子，淡妆素服，握着他的手，对他喃喃叮咛。虽然叮咛时还会不断地哽咽，但他却清清楚楚地记得爱妻弥留之际的最后一句话："衔恨愿为天上月，年年犹得向郎圆。"

十月初四夜风雨，其明日是亡妇生辰。

尘满疏帘素带飘，真成暗度可怜宵。几回偷拭青衫泪，忽傍犀奁见翠翘。　惟有恨，转无聊。五更依旧落花朝。衰杨叶尽丝难尽，冷雨凄风打画桥。

——《于中好》

尘土满面，白帘斜垂，如悼亡飘着的布条。往后再美的夜晚也无法与君两情相欢了。多少回用衣袖拭着相思的泪水，只有悔恨不已，这种愁绪让人愈发感到寂寥无依。

## 第五章 | 生死阻隔孟婆汤

半夜里，残花、柳叶败落，但柳丝却如心绪难以落尽。而此时，冷雨凄风正打着那雕廊的画桥。同样的"落花朝"、同样的"画桥"，但人却生死殊途。故而今日只有长恨复长恨，痛苦难消。

> 此恨何时已。滴空阶、寒更雨歇，葬花天气。三载悠悠魂梦杳，是梦久应醒矣。料也觉、人间无味。不及夜台尘土隔，冷清清、一片埋愁地。钗钿约，竟抛弃。　　重泉若有双鱼寄。好知他、年来苦乐，与谁相倚。我自中宵成转侧，忍听湘弦重理。待结个、他生知已。还怕两人俱薄命，再缘悭、剩月零风里。清泪尽，纸灰起。
>
> ——《金缕曲·亡妇忌日有感》

纳兰性德的人生就像是一场大梦，但如果真是梦的话，不是早该醒了？可他在亡妻的忌日上，还是会恍恍惚惚、痛心疾首。

他终夜辗转反侧，难以成眠。欲拂琴消遣，又不忍听这琴声，因为这是亡妻的遗物，只能让他睹物思人，愈加伤感。

能清晰听到夜雨停歇之后，残雨滴空阶之声的人，一定有着郁闷难排的心事。他们大多是为离情所苦，而纳兰性德是因丧妻之痛，死别之伤痛自然远过于生离，故凄苦更甚。

眼前的现实使他不能不告诉自己，妻子之死已无可怀疑。可又是什么原因使她认为人间生活无趣，最终弃他而去呢？

纳兰性德将寒更滴雨、葬花天气、魂梦杳、夜台重泉、清泪纸灰等意象，融汇成一幅凄淡伤感的图画，渲染出一种凄凄惨惨戚戚的氛围。

卢氏的去世加深了纳兰性德对"人间"的厌倦。人间无味，倒不如一抔黄土，与人世隔开，虽觉冷清，却能将愁绪埋葬。爱妻不顾两人当年白头到老的誓言，竟使他一人痛苦地生活在人间。若能与九泉之下的亡妻通信，一定得问问她，这些年生活得是苦是乐，又有谁和她相伴。他盼望来世仍能与妻子结为知己，但又怕即使真的有来生，他们夫妻二人仍然无法长相厮守。

而今，望着眼前已化为灰烬、飘忽不定的纸钱，纳兰性德的泪水已经流尽。

## 第六章 小楼东风话师恩

## 第六章 小楼东风话师恩

  烛花摇影，冷透疏衾刚欲醒。待不思量，不许孤眠不断肠。　茫茫碧落，天上人间情一诺。银汉难通，稳耐风波愿始从。

——《减字木兰花》

  每个夜晚的到来，都能悸动他的心。
  天寒地冷的无眠夜，思绪就像千万只火热的蚂蚁，在他的周围四处乱爬，一直爬到了他的心上。他万般无奈地起身，点燃烛火。在忽明忽暗的光亮里，纳兰性德似乎见到了爱妻的影子，她正端坐床边，等待着他。
  这是真实，还是幻象，抑或是亡妻显灵来人间探望他？若这晚不在一起共度，真是要枉费上天的好意。可就在他伸手想去拥抱她的时候，这影子忽地随着孤灯的变暗而消失了。

他急忙披衣起床，在屋内四处寻找，却一无所获。上天为什么要捉弄他？为什么突然就夺走了他的幸福？为什么要让他的孩子失去母亲？为什么要在这恼人的夜晚，来戏弄他这个守在人间的伤心人？

望着窗外的月色，虚拟的温暖与圆满，终是无法替代现实的寒凉与残缺。孤灯明灭，冷夜孤枕，欲睡还醒。好不容易躺下，经久而眠，又被内心的感情所扰。

原来睡不着是因为盖在身上的被子太薄，耐不住寒凉。可这床被子还有爱妻的余温和香味，怎么舍得换掉？抱着被子就像她还在身边一般，爱妻留下来的遗物更加让他忧思难忘。这天上人间，阴阳两隔，即使一诺千金也换不回原来的生活。他渴盼能够相逢重聚，即便要忍耐银河里的风波，也是心甘情愿。

衾风正冷，枕鸳正孤，愁肠不可用酒舒。他郁结如青苔一样的孤独，湿嗒嗒地能滴出水珠子来，幽幽地落在自己的心里，却发不出一点声响。

## 勤耕一亩田

走过了万水千山,读尽了世事沧桑,当人生的风景倦了你我的心情,漫步于人生的黄昏,是否想起我们一起度过的那些温情岁月。知己朋友依灯而坐,侃侃而谈,无拘无束,细心分享每一句心语。缮生笑语随旭日,愉快开心乐茂年。

纳兰性德在成长的过程中,获得了很多人的帮助,其中值得一提的有两位"贵人",一位是他的"受知师"儒学名家徐乾学,另一位就是影响纳兰性德一生的康熙皇帝玄烨。

徐乾学称纳兰性德:"自幼聪敏,读书一过目即不忘。善为诗,在童子已句出惊人。久之益工,得开元、大历间丰格。"

徐乾学自幼酷爱读书、抄书和藏书,并由舅舅顾炎武亲自辅导,他与自己的两位弟弟徐秉义、徐元文皆官贵文名,号称"昆山三徐"。舅舅顾炎武拒不与清廷合作,是个很有民族气节的学者,但他默许三个外甥为康熙皇帝效力。

纳兰性德十七岁时入国子监读书,当时徐元文正任国子监祭酒。徐元文在顺治十六年高中状元后,被授予翰林院修撰,后又补国史院修撰,成为康熙皇帝的经筵讲官。纳兰性德进入国子监不久,就得到了徐元文的赏识,并被其引荐给了徐乾学。徐文元当时有言:"司马公贤子,非常人也。"当时纳兰明珠任兵部尚书,司马是兵部尚书的别称。

康熙曾高度评价徐乾学:"朕观翰林文颇多佳卷,而笔力高古无出徐乾学之右,朕向闻徐乾学文字最工,诸翰林官莫不向彼请正。今细阅其所试文,果堪领袖。"能得到康熙这般称赞,徐乾学的学识文章水平可见非同一般。能得到徐乾学的指点,在当时可谓是天下学子梦寐以求的事。

纳兰性德在顺天府参加乡试时,副主考官就是徐乾学。在科举制度中负责教学的老师称"授业师",遇到疑惑请教的老师称"问业师",在各试中担任考官的人称为"受知师"。

徐乾学正是纳兰性德的"受知师",当时亦称"座师"。他集学术、文章、道德于一身,堪比韩愈和朱熹,当时学子无不以拜徐乾学为师为荣。那天,通过顺天府乡试的举人要谒见考官。纳兰性德喜形于色,逢人便告:"吾真得师矣!"

纳兰性德在《上座主徐健庵先生书》中袒露:"某以诠才末学,年未弱冠,出应科举之试,不意获受知于钜公大人,厕名贤书。榜发之日,随诸生后端拜堂下,仰瞻风采,心神肃然。既而屡赐延接,引之函丈之侧,温温乎其貌,谆谆乎其训词,又如日坐春风,令人

## 第六章 小楼东风话师恩

神驰。"

三天后,纳兰性德投下帖子,带着厚礼,到座师徐乾学府上拜谒。他行过礼之后,斜坐在徐大人身旁。师生不免叙谈一些学问之事。纳兰性德举止大方,谈吐不俗,给徐乾学留下了深刻的印象。当纳兰性德谈及经史源委和文体正变时,徐乾学颇有"老师宿儒,有所不及"之感。谈话间,徐乾学以宋代寇准为例,告诫他要忠诚于君,并给他看了宋元以来的诸家经解。

纳兰性德被徐乾学书房中四壁书架上浩瀚的线装古籍强烈地吸引着,他不由自主地到书架前去翻阅,看了这本又看那本,有些书是他从来没见过的,真有爱不释手之感。徐乾学见纳兰性德酷爱自己的藏书,便建议他:"性德,你如有兴趣,可利用这些资料编著一部《通志堂经解》,这倒是一桩功德无量的事业!"

纳兰性德先是一愣,然后眉头舒展,双目一亮,他没有料到座师会有此提议,有些掩饰不住内心的激动。但一瞬间,他倏地收敛笑容,谦虚地说:"学生才疏学浅,无法担此大任。"

徐乾学笑言道:"此事,确实工程浩荡。不过,若明珠大人可帮此忙的话,定能办成此功德无量之事。"

听到此言,纳兰性德顿生信心。徐乾学继续说道:"不妨一试,吾亦可助汝。"

此次长谈涉及儒家经史渊源、各类文体风格、从古至今的引申……学问之深、见地之高,让徐乾学对纳兰性德的真才实学刮目相看,于是有了编著典籍的想法,一来可以让他通读古典,二来可以锻炼其编练之功,亦是成材之捷径。

师者,传道、授业、解惑也。没有徐乾学,就没有纳兰性德在《通志堂经解》上的成就,徐乾学不仅成为纳兰性德的良师,还教其处世之道。在《通志堂经解》编著期间,遇到难点时,他们共同释义,不仅能加强理解,还能产生新的见解。可以说,若没有徐乾学,再有潜力的纳兰性德,也不会如此有系统、有步骤地研究儒学。

自从拜徐乾学为师后,纳兰性德每隔两天,就会前往徐乾学府上和他讲论书史、讨教学问,并就编著之事进行商讨。几年下来,纳兰性德完成了《通志堂经解》的编著,也考取了功名。这期间,他将自己的藏书室"花间草堂"改为"通志堂"。所谓"通志"者,"志趣相通"也,有徐乾学在《经解序》中所说的"同志群相助成"和纳兰性德在《经解序》中所说的"与同志雕版行世"之义。纳兰性德还写了一首诗来纪念这件事。

> 茂先也住浑河北,车载图书事最佳。
> 薄有缥缃添邺架,更依衡泌建萧斋。
> 何时散帙容闲坐,假日消忧未放怀。
> 有客但能来问字,清尊宁惜酒如淮。
>
> ——《通志堂成》

徐乾学曾告诉纳兰性德"为臣贵有勿欺之忠",这是希望他无论何时何地,无论身份高低,无论何种处境,都不要忘记诚实是衡量一个人操守的标尺。"勿欺于心,勿欺于人。"具有诚实品质,才不会自欺欺人。

徐乾学是一位藏书家,他将自己的书斋取名为"传是楼"。他不是一般的守书奴,而是既藏、又读、又写,藏得多、读得好、写得漂亮,功底明显高于其他藏书家。徐乾学的藏书楼甲于整个清朝,"书可敌国,询不谬也"。他晚年在太湖别墅中编纂《大清一统志》,邀请当时一流学者阎若璩等人参加,所据资料全部取自"传是楼"。

《传是楼记》记载:"徐乾学曾经召集子孙们上楼,说:'我拿什么传给你们呢?为人长辈的,每每想传后代田地钱财,子孙未必能累世富有;想传后代金玉珍玩,子孙未必能保住这些宝物;想传后代园池台榭,子孙未必能世世享受娱乐。鉴于此,我把什么传给你们呢?'遂指架上书籍诲曰:'所传者唯是矣!'还告诫子孙,不仅是书籍这个'是',最终乃是'实事求是'的那个'是'。"

徐乾学的厉害之处在于"识材"。康熙十一年(1672年),他作为副考官与蔡启僔一起典考顺天府乡试时,从已被遗弃的试卷中挑出了韩菼之文呈上,皇帝看后龙目一亮,大笔一挥:第一甲第一名。韩菼后来官至礼部尚书兼翰林院掌院学士,由此可见徐乾学的眼力。

此后,徐乾学和韩菼还促使当时的文坛发生了古朴而文雅的变化。

## 座师风波起

虽然徐乾学有识人之才，但是，即便在最公平的时代，科举考试也不是完全凭借才学评分录取。只因政策上有个要求，要在各个地区取得平衡。因为在江南，最差的成绩都比塞北最好的成绩优秀，但根据名额的分配比例，塞北考生也一定要有几个中举才行。徐乾学和蔡启僔当时就触犯了这个规矩，在科举副榜中由于"末榜未取汉军卷"而遭人弹劾被降职。康熙十二年（1673年），徐乾学回到江苏老家昆山，而蔡启僔则回到浙江故里。

在送别两位老师之际，纳兰性德产生了一种不可遏止的情绪，接连发之于诗词。《秋日送徐健庵座主归江南》组诗和《即日又赋》都是写给徐乾学的，而写给蔡启僔的是一首词，没想到的是这首词很快就流传开来。纳兰性德后来回忆起这段往事，觉得就是从那时起，认定了自己更适合写词。

## 第六章 小楼东风话师恩

> 问人生、头白京国,算来何事消得。不如罨画清溪上,蓑笠扁舟一只。人不识,且笑煮、鲈鱼趁著莼丝碧。无端酸鼻,向歧路销魂,征轮驿骑,断雁西风急。　　英雄辈,事业东西南北。临风因甚泣。酬知有愿频挥手,零雨凄其此日。休太息,须信道、诸公衮衮皆虚掷。年来踪迹。有多少雄心,几翻恶梦,泪点霜华织。
>
> ——《摸鱼儿·送座主德清蔡先生》

一辈子的时间、精力都耗费在朝廷里,究竟值不值得呢?还不如远遁到风景如画的水乡,着一身蓑笠,驾一叶扁舟,做一名普通百姓,过一番自由自在的生活。在与座师分别的时刻,车马萧萧,西风凄紧,孤雁南飞。恩师此番一去,便再难见面,纳兰性德心中悲凉不已,黯然泣下。

英雄人物从来志在四方,如今为什么又在风中哭泣?频频挥手与恩师道别,在这凄凉雨里,请不要叹息自己的贬谪遭遇,那些仍在朝廷上占据高位的人有哪个及得上座师的才华?这一年来的人生旅途啊,多少雄心,又多少挫败,想起来不禁泪水飘零。

纳兰性德以推心置腹的话语慰抚座师,直言在京城没有什么事情是值得恩师熬到头发花白的。能够归乡隐居,在优美如画的清溪上垂钓,自得其乐,才是享受人生。徐乾学在官场内部争斗中蒙冤,纳兰性德对其辞职归乡的选择给予了最深切的同情与支持,但也忍不住吐露出自己愤世嫉俗的心声。要知道,那些在朝廷上得势的人,的确得到了许多身外浮名,但也都是虚掷岁月。人生有多少雄心,就有几番噩梦,最终都是"泪点霜华织"。

这封学生写给座师的信,也成为文学史上同类作品中情深谊长的上乘之作。从全词看,纳兰性德的座师蔡德清先生此番被迫回归故里,可以说是受了不白之冤。作为弟子除了填词以示同情和宽慰之外,也只能徒唤奈何了。但此篇作品在慰藉座师的同时,也抒发了词人愤世嫉俗的情怀,可知其内心深处对人生的价值,另有不同凡俗的理解。

一

江枫千里送浮飔,玉佩朝天此暂辞。
黄菊承杯频自覆,青林系马试教骑。
朝端事业留他日,天下文章重往时。
闻道至尊还侧席,柏梁高宴待题诗。

二

玉殿西头落暗飔,回波宁作望恩辞。
蛾眉自是从相妒,骏骨由来岂任骑。
白首尽为酬遇日,青山真奈送归时。
严装欲发频相顾,四始重拈教咏诗。

三

不同纨扇怨凉飔,咫尺重华好荐辞。
衡岳雁排回日字,葛陂龙待化来骑。

## 第六章 小楼东风话师恩

斑斓正好称觥斝,丝竹谁从著屐时。
弱植敢忘春雨润,一生长诵角弓诗。
四
惆怅离筵拂面飔,几人鸾禁有宏辞。
鱼因尺素殷勤剖,马为鞠泥郑重骑。
定省暂应纾远望,行藏端不负清时。
春风好待鸣驺入,不用凄凉录别诗。
——《秋日送徐健庵座主归江南四首》

远去的孤帆渐渐消逝在天际,树林仿佛远在白云之外,春天的脚步也渐行渐远。一路上,驿站昏黄的灯光里,留下了座师的身影。在偏僻的关隘观里,那西沉的月亮显得无比孤寂,而这些景象对于座师来说,还远远算不上凄凉。

名利场上的波谲云诡与人情冷暖所带来的种种伤害,座师终是无法对人讲起的。征途漫漫,唯有收拾好心底的忧患和伤感,打起精神继续前行。

天外孤帆云外树,看又是春随人去。水驿灯昏,关城月落,不算凄凉处。 计程应惜天涯暮,打叠起伤心无数。中坐波涛,眼前冷暖,多少人难语。
——《雨中花·送徐艺初归昆山》

徐艺初是徐乾学之子，因其父被弹劾降职，不得不与其一同离开京城。在这首词中，词名所赠之人虽为徐艺初，但可见词人借题发挥之言。纳兰性德既对座师的遭遇表示了同情和安慰，也流露出对自己前程的忧虑和不平，虽无意触犯朝纲，但看尽人情冷暖后，也不由得感叹受难人的有苦难诉和自己的伤感之情。

纳兰性德是个至情至性的人，对于功名富贵看得很淡，对于感情却看得很重，他一生真正的财富，不是父亲积累下来的万贯家财，也不是康熙皇帝的青睐赞赏，而是有一群意气相投、生死相许的知交朋友。在纳兰性德的心中，师生关系如同君臣、父子一般神圣不可侵犯。父母生养，老师教导，君王施才善用，即所谓"亲生之，师成之，君用而行之"。

纳兰性德向徐乾学的求学之途，一直到他担任康熙皇帝的御前侍卫后，由于其分身无术才终止。而日后徐乾学与纳兰明珠反目成仇的场面，他没有亲眼见到，这也让那份单纯真挚的师生情谊在他心中永远保存下来。

## 世事无常计

又是一年过去了,在残阳的阴影里,纳兰性德独立窗前,面前的祝寿酒似泛着粼粼的光,但仔细看去却又纹丝未动。所谓的建功立业、光耀门楣就像这杯中的水酒,看似耀眼,但实际上毫无进展。

座师的遭遇、官场上的尔虞我诈,以及卢氏的离世,让纳兰性德备受打击,时常感到人生苦短,世事无常。

卢氏亡故后,悼亡词成为纳兰性德创作的主要内容,那些凄婉动人的词一直流传至今。

从这些悼亡词中可以看出,他们并非是惊天动地的爱情,而是在日常的点点滴滴中,感知岁月静好。他们一起赏花、赏月、赏字画,一起品茶、品酒、品诗词,就这样享受着婚姻中的甜蜜,享受着生命中那些美好的日子。

生活中,卢氏激发了纳兰性德的创作灵感,成为他的"贤内助"。在纳兰性德编著《通志堂经解》期间,卢氏一直默默地支持着他。她没有因为被冷落而感到委屈,也没有喋喋不休地抱怨,而是给予丈夫最大的关心和体贴。

虽然纳兰性德从小受儒家思想教育,又对汉族文化有着浓厚的兴趣,但要组织完成《通志堂经解》这种大型丛书,难度还是非常大的。即便他付出了很多心血,后人还是对这件事产生了不少质疑,其中影响最大的就是乾隆皇帝的一则上谕。

《通志堂经解》的卷首有纳兰性德撰写的一篇总序,记述了丛书编制的缘起。大概意思是说:

解释经典的工作从汉代就开始了,《易经》《诗经》《春秋》等各有专家研究,弟子们严守师传,小心谨慎,不敢有所改变或者兼并诸说。到了东汉,虽然谶纬流行,但正统儒学仍然被认真地传承了下来。直到唐太宗下令统一经义,为群经编撰《正义》,汉代的专家之学才渐渐废止,书也没有保存下来多少。到了宋代,二程和朱熹领袖儒学,阐发圣人的微言大义,当时虽然还有苏轼、王安石、陆九渊等人形成了另外的学派,但学派之间的差异并不很大,再不复见汉代的风气。及至宋末元初,学者们尤其推崇朱熹的理学,经义研究日渐精深,出现了很多精辟的见解。可惜他们的著作流传下来的还不足十分之一二。我曾经嘱托友人秦松龄(号对岩)、朱彝尊(号竹垞)搜购各地的藏书,不时有所发现,但其中好的版本又不足十分之一二。一次我和老师徐先生谈到了这件事,徐先生便把他所有的藏书都拿给我看,说这是他自己三十年辛苦搜罗所得,而且做过严格的校订。我又是高兴又是惊愕,于是恳求先生,从中钞录了一百四十多种,自《子夏易传》而外，唐人之书仅有两三种，其余的都是宋元学者的著作，明代著作也略有一些。接下来便是筹备自尽，与志同道合的友人开始把这些书籍雕版出版。徐先生喜形于色，说这正是他的愿望。

纳兰性德的这篇总序，就是一篇极精简的中国经学史概要，写得很见功力。丛书用的是纳兰性德的名义，这足以使其步入知名学者之林。但其中也存在一些问题：序言题署的时间是康熙十二年夏五月，其中提到嘱托友人秦松龄和朱彝尊搜购各地的藏书，可是朱彝尊和纳兰性德在这个时候只是互相闻名并不曾谋面，这又从何解释呢？

乾隆皇帝在一次上谕中说：朕看到纳兰性德为《通志堂经解》所作的总序，落款在康熙十二年（1673年），但推算时间，他那时候不过是个孩子，如何能有如此磅礴的经学修为呢？朕听说过一则传闻，说这部书是徐乾学代纳兰性德刊刻的，于是朕就安排军机大臣详查纳兰性德的出身本末，才知道纳兰性德是在康熙十一年（1672年）中的举人，十二年中的进士，年仅十六岁，而徐乾学恰是康熙十一年顺天乡试的副考官，纳兰性德就是由他取中的。朕知道，明珠在康熙年间擅权多年，气焰熏天，很会招揽名流，和徐乾学这样的人互相交结，结党营私，所以他的儿子纳兰性德还没到二十岁就取得了功名。为了显示纳兰性德的功名完全来自本身的实力，于是刊刻了《通志堂经解》，告诉世人他有多高的学问。但是，古人都说皓首穷经，就算是一代通儒，如果不是义理精熟、毕生讲授贯通的内容，尚且不能随心阐扬以明先贤之精蕴，以纳兰性德那小小的年纪，却能广收博采，集经学之大成，天下哪有这般道理！

乾隆皇帝是很欣赏《通志堂经解》的，但越是欣赏，就越觉得这样一部书只能出自饱学鸿儒之手，不可能是由一个少年人编订出来的。后来《通志堂经解》刊行补刻本，乾隆皇帝亲自撰写了序言，批评徐乾学攀附权贵，纳兰性德欺世盗名，说两人的品行都不足取，只是考虑到不该以人废言，才把这部书补刊齐全，订正讹谬，再次出版刊行。

被乾隆批评为品行不端、欺世盗名，这对纳兰性德来说确实是一件大事。但军机大臣的详查多有不实：纳兰性德在康熙十二年并没有考中进士，而是因病未曾参加殿试，这一年他也不是十六岁，而是十九岁，距离举行成年冠礼只有一步之遥。调查出的结果与事实如此不符，使人不得不怀疑军机大臣所为是迎合乾隆皇帝的意图。

但既然乾隆有这样的上谕，就会出现一种观点：纳兰明珠是一代铁腕权臣，在朝廷上必然结党营私；徐乾学是一代臣儒，学术宗师，但早年即被舅父顾炎武不喜，觉得他的功名利禄之心太重，不是一个淳良的苗子；而纳兰性德只不过是个黄毛小子。当时这样的质疑在社会上引起了不小的波澜。

正所谓世事难料，谁曾想到，即使是文学著作这样的成就也会在是是非非中饱受争议。所幸的是，经后人查实，普遍认为纳兰性德是辑刻《通志堂经解》的倡始者、资助者和参与者。

辑编《通志堂经解》时，纳兰性德曾主动请求"捐资"，据说当时"徐健庵尚书费资四十万金"。这笔钱除了用于置办纸、墨和刻印工具外，主要用来组织刻工队伍。《通志堂经解》原版版心下端镌有刻工姓名，粗略统计有二百余人，而且都是名手。如此看来，单凭徐乾学当时的力量，难以组织起如此规模的刻工队伍，而只有明珠府才有这样的实力。

据专家鉴定，《通志堂经解》的刊刻动用了武英殿刻工，而纳兰明珠时任武英殿大学士，另据王士禛《分甘余话》卷四记载："昆山徐氏刻《经解》，多秘本，仿佛宋椠本，卷帙亦多，闻其版亦收贮内府。"《通志堂经解》不是收藏在徐乾学的藏书楼"传是楼"，而是收于内府，由此说明《通志堂经解》的刊刻明里是徐乾学主持，但实际上是纳兰明珠在操纵。

纳兰性德参与《通志堂经解》的校订是不可否认的事实，证之于他的好友朱彝尊的著述。在《合订大易集义粹言序》中，朱彝尊叙述道："吾友纳兰侍卫性德，以韶年登甲科，未与馆选，有感消息盈虚之理，读《易》渌水亭中，聚《易》义百家插架。于温陵曾氏种《粹言》、隆山陈氏友文《集传》精义一十八家之说有取焉，合而订之，成八十卷。择焉精，语焉详，庶几哉有大醇而无小疵也乎。刑部尚书昆山徐公嘉其志，许镂版，布诸通都大邑，用示学者。"

当然，纳兰性德在编校《通志堂经解》的过程中，得到了徐乾学、朱彝尊、严绳孙、顾湄、陆元辅的悉心指导和大量帮助。他写的《经解序》有许多是在师友们的讲授指点下完成的。纳兰性德并不否认这一点，他在《经解总序》中已经说明这部书是"与同志雕版行世"而成的。

平日里，纳兰性德待得最多的地方就是父亲的书房。纳兰明珠酷爱藏书，尤其在其职位越来越高以后，藏书的势头也就愈发不可收拾。纳兰性德写诗、填词，整理校对《通志堂经解》，都是在这里完成的。那时，每当夜晚来临，爱妻卢氏就会为他点上红烛。在父亲的书房里，纳兰性德找到了归属感。对于他来说，康熙皇帝的重用、父亲的飞黄腾达，都不能从根本上让他感到满足。

爱妻去世后，纳兰性德的悼亡之音破空而起，无论身在何处，无论是梦是醒，他始终没有停止哀吟挽唱。幸好他还有一些志同道合的朋友，可以做"伯牙"，做"子期"，共听高山流水，共赏诗词歌赋。他们是纳兰性德生命中的清茶，没有酒的浓和烈，只有在纳兰性德需要的时候，飘起一抹清香，静静地陪伴他，支持他。他们不在乎对方的身份地位，能容纳对方的瑕疵，亦能舍弃自己的欢愉。

## 第七章

半醉半醒半浮生

## 第七章 半醉半醒半浮生

> 丙辰生日自寿,起用弹语句,并呈见阳。
>
> 马齿加长矣,枉碌碌乾坤,问汝何事。浮名总如水。拚尊前杯酒,一生长醉。残阳影里,问归鸿、归来也未。且随缘、去住无心,冷眼华亭鹤唳。　　无寐。宿醒犹在,小玉来言,日高花睡。明月阑干,曾说与,应须记。是蛾眉便自、供人嫉妒,风雨飘残花蕊。叹光阴、老我无能,长歌而已。
>
> ——《瑞鹤仙》

年幼时盼望长大,年老时恐惧衰老,几乎是一个定律。

那时,身体如雨后疯狂拔高的笋子般,转眼间纤瘦成竹;青春亦如五月的红花,绚烂地从命运的坡地上一路燃烧而下,虽轰轰烈烈,却也转眼成灰——只要不回首,便不会发觉身后的漫天红花。

某一天揽镜自照，蓦然发现菱花镜里皮肤松弛，眼角、嘴角已没了少年时的微翘，这便是老了啊！没等细细享受青春的滋味，竟然就老了。然后便开始自醒，在这莽莽乾坤中，徒自碌碌无为，是所营何事？可见，这人世浮名如同流水，转眼即逝，倒不如一醉方休，长睡不醒。

最爱游历山水，因为它们在季节的冷暖中，演绎着一场场葱绿与荒芜，在一次次轮回中勃发着生命的顽强。就像人生一样，学走路时，要经历无数次的跌倒爬起，长大以后又要遇到无数的挫折与伤痛，这是一个艰难的旅途，途中充满了喜悦与忧伤。

在这个过程中，一切的委屈都会变成一种动力，并让人明白生存还需要一份担当，这就是责任，是意志勃发出来的无穷尽的力量。他就在此中成熟、成长，当困难来临的时候，一笑而过，这样的意志叫作坚强。

每一次磨难都是人生幸福的垫脚石，能强化出刚毅的性格，在稳重中步入理想的阶梯。

## 忆渌水亭欢

和通志堂书斋同年落成的还有一座庭园,纳兰性德为它取名为渌水亭。

渌水亭是自怡园诸多亭榭中最大的一座亭子,建在假山之上,碧绿的琉璃瓦,朱红的明柱,梁上醉八仙的彩画,脊上三国人物的浮雕,十分精致。

亭中摆着一方石桌与十数石鼓小凳。鸟瞰亭下,可见碧波荡漾的湖水。这湖水源于什刹海,两水之间由一条小溪连通,可荡桨往来,时而还会传出短笛声。

湖畔周围,一行依依的垂柳,柳枝摇摇摆摆,飘飘荡荡,柳丝拂水,涟漪层起,树上鸟语雀鸣,悦人耳目。亭下水中盛开着一片荷花,茎撑绿伞,梗擎红灯,金鱼戏水,青蛙伴唱,荷上蜂飞蝶舞,一派天然图画,令人不饮自醉。

纳兰性德就是在这堪比仙境的美景中读书、作词、会友。渌水亭是他生命中不可或缺的重要标志之一，见证了他与朋友们无数次的雅聚。

将这里取名为"渌水亭"，其中也蕴含了一层深意。《南史》记载，庾景行是一位世家子弟，自幼就以孝行著称，做官之后一向以清贫自守，是所有江汉人士的期望，后来终于被王俭委以重任。安陆侯萧缅知道消息后，给王俭写了一封贺信，说道："盛府元僚，实难其选。庾景行泛渌水、依芙蓉，何其丽也。"当时的人们把王俭的幕府比作莲花池，所以萧缅才用泛渌水、依芙蓉来赞美庾景行。

庾景行事亲至孝，清贫自守，而且清秀俊逸，风采照人，一生以正道自约，故而死后被赐谥号"贞子"。《南史》所载的庾景行，在纳兰性德看来是如此的亲近，仿佛就是自己的前身。

渌水亭建在明珠府的西花园，紧邻后海，触目便是柳林湖光，虽然被城市的繁华包围着，却很有几分江村野趣。

野色湖光两不分，碧云万顷变黄云。
分明一幅江村画，着个闲庭挂夕曛。

——《渌水亭》

这是纳兰性德专门为渌水亭的建成而作的一首七绝，能在这皇城边近天子脚下营造出这样一分散淡，除了纳兰性德还有第二个人吗？就连庾景行也是做不到的。

康熙十八年（1679年），严绳孙、姜宸英、陈维崧等汉人名士在这里相继成为渌水亭的座上客,众人谈诗论画,悠闲自得。转眼,春到京城,明珠府别业的渌水亭畔"天朗气清,惠风和畅",虽然不是"群贤毕至,少长咸集",但纳兰性德已经觉得很满足了。他和朋友们齐聚一堂,觥筹交错,在半醉半醒间纵古论今,指点江山,慷慨激昂。

一次,纳兰性德指着亭畔的花草流水对众人说:"诸位兄长,我们只管在这儿饮酒,岂不辜负了外面那大好春光?"朱彝尊附和道:"正是,不如我们一道到外面走走。"

于是众人结伴离开渌水亭,居高望远,春风拂面,柔软清凉,陈维崧诗兴大发,建议道:"古人雅聚常常玩联诗的游戏,今日难得几位朋友都聚在一起,不妨也学学古人,权作附庸风雅。"众人听罢,都跃跃欲试。

姜宸英道:"我看所在诸位,不乏词坛名家,不如大家就联句成词。既然主意是陈兄出的,不妨就由陈兄出题目好了。"陈维崧道:"既然都是朋友,陈某就不谦逊了。词多为长短句,诸位若是有人说得多有人说得少未免不公,为公平起见,就以通篇七言的《浣溪沙》为题。我来开首句——出郭寻春春已阑。"

秦松龄道:"此时春色正盛,怎能说'春已阑'呢?不妥不妥,我来接下句——东风吹面不成寒。"严绳孙道:"陈兄'春已阑'句所见甚远,秦兄之句深得南宋僧志南'沾衣欲湿杏花雨,吹面不寒杨柳风'之妙,都是上品,小弟不才,推脱不得只好狗尾续貂——青村几曲到西山。"

姜宸英接道:"严兄过谦了。下阙就由小弟开首——并马未须愁路远。"众人之中,朱彝尊与纳兰性德的词作成就最高,姜宸英有意让他们中的一个来作结语,所以接上严绳孙的话,开始了下阙。

纳兰性德是主人,朱彝尊是客人,客随主便,所以姜宸英话音刚落,朱彝尊便接上了:"姜兄之语惬意得很,在下只好附和一句——看花且莫放杯闲。容若,最后一句该你了。"

此时,过往之事全都涌上心来,纳兰性德满腹离情,沉思片刻之后不禁说道:"人生别易会常难。"刚一说出口,又不禁有些后悔,本来大家聚在一起是件挺愉快的事,这一句话岂不是要扫了大家的兴?果然听到此句大家都神色黯然。

出郭寻春春已阑(陈维崧),东风吹面不成寒(秦松龄),青村几曲到西山(严绳孙)。　并马未须愁路远(姜宸英),看花且莫放杯闲(朱彝尊),人生别易会常难(纳兰性德)。

——《浣溪沙·郊游联句》

这一年,纳兰性德开始撰写《渌水亭杂识》。他在序言里说,癸丑年病起,批阅经史,偶有心得便记录下来,或者有朋友来访,聊到一些奇闻轶事,也会在朋友走后记录在案。

于是,后人可以在这些零零碎碎的记载中,读到纳兰性德的别样性情。

## 第七章 半醉半醒半浮生

翻看《渌水亭杂识》，有一则关于娑罗树的记载：五台山的僧人夸口说，他们那里有一种娑罗树，非常灵异，于是画图雕版，大加宣传。但是巴陵、淮阴、安西、伊洛、临安、白下、峨眉，到处都有这种树，实在不是五台山的独有之珍。又听说广州南海神庙有四株特别高大，现今京城卧佛寺里也有极高的两株。同样的树，有的声名大噪，有的默默无闻，看来草木的命运也有幸运或不幸的呀。

还有一则，说京城遗老讲述前朝万历年间西山戒坛的盛况，四月间游女如云，车马络绎不绝，一路上到处都是茶棚酒肆，甚至有带着妓女入寺游玩的人。一位无名诗人写诗嘲讽道："高下山头起佛龛，往来米汁杂鱼盐。不因说法坚持戒，那得观音处处参。"那时的纳兰性德看佛，全是一副旁观者的口吻。

可他不知道，将来自己也会迷恋佛法，还给自己取了一个"楞伽山人"的别号，常常伴着青灯古佛倾诉心声。

纳兰性德还记下了许多读史的感悟，虽然简短，却颇有见地。譬如他在读唐史之后留下了这样一则笔记，说唐肃宗撤回了西北边防军以平定内部的叛乱，从此边防无人，京城就成了边疆。明朝放弃"三卫"，便是重蹈覆辙。

还有一些记载则显示了纳兰性德的渊博。比如，他在一则记载中说，王勃《滕王阁序》的名句"落霞与孤鹜齐飞，秋水共长天一色"，当时的人都以为奇绝，但这两句并非完全是王勃的原创。庾信《马射赋》有："落花与翠盖齐飞，杨柳共青旗一色"，隋长寿寺碑有"浮云共岭松张盖，明月与岩桂分丛"。因此，只能说王勃的句子是青出于蓝。

西学也是《渌水亭杂识》中笔墨颇多的内容。当时的社会是一个西学东渐的时代，但主流社会始终无法接受西学。夷狄之邦的学问怎么可能超过中原大国？这不是学术问题，而是上千年积淀下来的优越感与自尊心的问题。但纳兰性德不同，他能以旗人之身投入汉文化的汪洋大海，也能欣然接受到西学的知识，满足自己强烈的求知欲。

纳兰性德以新奇的口气记载道：中国的天官家都说天河是积气。天主教的教士在前朝万历年间到了中国，却说气没有千古不动的道理。用他们的望远镜观测天河，发现那果然不是积气，而是一颗颗的小星星，历历分明。

西学里也有纳兰性德理解不了的地方。比如西洋人说，用望远镜观测金星，发现金星也和月亮一样会有阴晴圆缺。纳兰性德认为这很没道理：月亮之所以有阴晴圆缺，是因为它自己不会发光，靠反射日光来发光，而金星是自己会发光的，怎么也会像月亮一样有阴晴圆缺呢？

《渌水亭杂识》中最珍贵的自然是纳兰性德对诗词的见解。

> 宋人歌词，而唐人歌诗之法废。元曲起而词废，南曲起而北曲又废。今世之歌鹿鸣，尘饭涂羹也。

宋人以词入乐，于是唐代以诗入乐的方法便废止了。元曲兴起，词便废止了。南曲兴起，北曲便废止了。如今的歌，只是扮家家酒

| 第七章 | 半醉半醒半浮生

罢了。

> 诗乃心声，性情中事也。发乎情，止乎礼义，故谓之性。亦须有才，乃能挥拓；有学，乃不虚薄杜撰。才、学之用于诗者，如是而已。昌黎逞才，子瞻逞学，便与性情隔绝。

诗歌是心声的流露，是性情之事，因为诗歌的写作是发乎情而止乎礼义。作诗不仅要靠性情，也要有才，才能挥洒自如；还要有学问，才不至流于浅薄杜撰。但才与学只要达到这样的标准也就足够了。韩愈作诗逞才，苏轼作诗炫学，他们的诗歌便不再直抒性情了。

> 自五代兵革，中原文献凋落，诗道失传，而小词大盛。宋人专意于词，实为精绝；诗其尘饭涂羹，故远不及唐人。

自从五代乱世之后，中原文化凋落，诗歌之道失传，人们热衷于填词。宋人专心于填词，所以成就极高，他们对于作诗并不认真，故而诗歌的水平远远不及唐人。

> 人情好新，今日忽尚宋诗。举业欲干禄，人操其柄，不得不随人转步。诗取自适，何以随人？

人总是喜新厌旧的，如今忽然流行起了宋诗。为科举而读书不得不随着别人订下的规矩走，但诗是写给自己的，何必随人附和呢？

> 诗之学古，如孩提不能无乳母也。必自立而后成诗，犹之能自立而后成人也。明之学老杜、学盛唐者，皆一生在乳母胸前过日。

作诗需要学习古人，就像小孩子不能没有乳母，先要由乳母抚养，才能长大自立。而明朝人学习杜诗、学习盛唐之诗，却从来不曾自立，好比一辈子都要依赖乳母一般。

> 唐人有寄托，故使事灵；后人无寄托，故使事板。

唐人写诗饱含寄托，所以用起典故来灵动自如；后人写诗没有了寄托，所以用起典故来刻板乏味。

> 曲起而词废，词起而诗废，唐体起而古诗废。作诗欲以言情耳，生乎今之世，近体足以言情矣。好古之士本无其情，而强效其体，以作古乐府，殊觉无味。

曲子兴起，词便废止了；词兴起了，诗便废止了；唐诗之体兴起了，古诗之体便废止了。作诗只是为了抒发性情，所以既然生活在今

## 第七章 半醉半醒半浮生

世,用唐代的近体诗就足以抒发性情了,而那些好古之人本来就没有什么性情,却勉强效仿古体去作乐府,实在无味。

年轻的纳兰性德对写诗填词已经很有自己的一番见解,文学创作不是仿制古董,只要用切近一些的体裁,适度地辅以才学,直抒胸臆就可以了。文体兴废,自有它的规律,完全不必厚古薄今。如王国维在《人间词话》第五十四条说:

> 四言敝而有楚辞,楚辞敝而有五言,五言敝而有七言,古诗敝而有律绝,律绝敝而有词。盖文体通行既久,染指遂多,自成习套。豪杰之士,亦难于其中自出新意,故遁而作他体,以自解脱。一切文体所以始盛终衰者,皆由于此。故谓文学后不如前,余未敢信。但就一体论,则此说固无以易也。

这番卓见,纳兰性德在《渌水亭杂识》里已轻轻点出。

在渌水亭,纳兰性德与文人名流吟诗对酒,纵论天下文章,其中谈得最多的有两个人:一个是龚鼎孳,曾做过康熙十二年会试的主考官,算来也是纳兰性德的座主,他曾与钱谦益、吴伟业齐名为"江左三大家",如今在三人之中硕果仅存,是秋水轩倡和的主角、天下文章宗主;另一个是名不见经传的浙江秀水人朱彝尊,他流寓京城,做一名幕府小吏,刻出一部《江湖载酒集》,此书和他之前的一部词集《静志居琴趣》一起悄然在京城流传,人虽籍籍无名,词却写得风华绝代。

纳兰性德非常欣赏朱彝尊的才情，还写了一封信，派人送到朱彝尊的寓所，他迫切想要结识这位落拓半生的不世出的才子，惺惺相惜之情溢于言表。

纳兰性德对于友情是非常真诚的。纳兰词中无论是凄美哀怨的爱情词，还是真挚深婉的友情词，都记录着纳兰性德一往情深的心路历程。

在纳兰性德的友情中，尤与顾贞观之间的知己之情最重。这份情谊也成为流传千古的友谊佳话。

## 故友遇知恩

知己是可以倾诉的对象。互为知己便能互相欣赏,彼此倾慕,渗入彼此心灵的最深处,给予对方无穷的力量和勇气。这份情谊如一件贴身的衣服,寒冷时带来温暖,炎热时送去清爽。知己能够彼此牵挂,分享快乐与痛苦,产生感动与幸福,充实生活,精彩人生。

在这一点上,纳兰性德似乎是无比幸运的,上苍将诚挚友人、红颜知己和识人伯乐一一引到他的面前,让他的生命不那么寂寥。

可事实上,反观纳兰性德的一生,他遇到的友人、知己既是他人生的幸运,亦是人生之大不幸。

明月多情应笑我,笑我如今。辜负春心,独自闲行独自吟。 近来怕说当时事,结遍兰襟。月浅灯深,梦里云归何处寻。

——《采桑子》

纳兰是极重友情之人，其"结遍兰襟"并非夸饰之语，但重情也成了一种负担，常常给他带来失落和惆怅。他结识了顾贞观，生命中便有三分之一的时间在为顾贞观的好友吴兆骞奔走。忧顾贞观之忧，思顾贞观之思，情绪总是被友人的喜怒哀乐所左右。

顾贞观，清代文学家，江苏无锡人。曾祖顾宪成，是晚明东林学派的领袖；祖父顾与淳，四川夔州知府；父亲顾枢，才高博学，为东林学派另一领袖高攀龙的门生。母亲王夫人也是生长于诗书之家。

少年时，顾贞观参加了由吴江名士吴兆骞兄弟主盟的"慎交社"。该社中他年纪最小，却"飞觞赋诗，才气横溢"，与声望甚隆的吴兆骞齐名并结为生死之交。他于顺治末年辞亲远游，到达京师。

康熙三年（1664年），顾贞观得到康熙帝的亲自接见，被任命为秘书院中书舍人。康熙五年（1666年），他以顺天府乡试第二名中举，改任国史院典籍，官至内阁中书，主要工作是掌管清朝历史的修撰，一度很得康熙的信任。次年康熙南巡，顾贞观作为扈从随侍左右。在国史院任典籍期间，他曾修订其曾祖顾宪成的年谱《顾端文公年谱》，又为其父编定文集《庸庵公日钞》。

《清史稿》将顾贞观与纳兰性德合并在同一篇传记里，但实际上在纳兰性德还没有成名之前，顾贞观就已经是明末清初的著名词人了。

康熙十年（1671年），顾贞观因受同僚排挤，毅然辞职，挂冠而去。临走之际愤然写下一首《风流子》：

## 第七章 半醉半醒半浮生

> 辛亥春月告归,得请。途次寄阎百诗,自此不复梦入春明矣。
> 
> 十年才一觉,东华梦,依旧五云高。忆雉尾春移,催吟芍药。螭头晚直,待赐樱桃。天颜近、帐前分玉靶,鞍侧委珠袍。罢猎归来,远山当镜,承恩捧出,叠雪挥毫。宋家墙东畔,窥闲丽、枉自暮暮朝朝。身逐宫沟片叶,已怯波涛。况爱闲多病,乡心易遂。阻风中酒,浪迹难招。判共美人香草,零落江皋。
> 
> ——《风流子》

回到老家无锡后,顾贞观继续过他的江湖文人生活。

他自称"第一飘零词客",有着"此处不留爷,自有留爷处"的气势。

而这一年,纳兰性德刚刚进入国子监读书,正好与顾贞观擦肩而过。直到康熙十五年(1676年),当时已经四十岁的落魄文人顾贞观再度进京,经国子监祭酒徐元文的推荐,进入明珠府中任塾师。二十二岁的纳兰性德刚刚成为新科进士,于是两个身份悬殊、年龄悬殊的人相识了。

纳兰性德不但大有相见恨晚之叹,且对顾贞观不幸的遭遇深表同情,相识不久便写了《金缕曲·赠梁汾》的题赠之作。对此,顾贞观记云:"岁丙辰,容若年二十有二,乃一见即恨识余之晚,阅数日,填此曲为余题照。"

这对朋友虽然年龄差了十八岁，一个是清贫的江湖文人，一个是玉树临风的权臣之子，但心灵上的相通使他们超越了身份和年龄，成为莫逆之交。这般友情，在当时极为罕见，甚至还引来了众人的猜忌与谣言。但在纳兰性德看来，身世悠悠何足问，冷笑置之而已，对待他人的猜忌和谣言，亦是如此。纳兰性德最大的理想，就是做一个浪迹江湖的文人雅士，尽情挥洒精神的自由与人格的独立。但是身为康熙皇帝身边的侍卫，这个理想对纳兰而言，只能是一个遥不可及的梦。在这样的苦闷中，与汉族文人雅士的倾心交往和心灵默契便成了他精神上的安慰与寄托。他的真挚和信任，也打动了一批汉族文人，留下了一个个感人至深的友谊佳话。

纳兰性德知道顾贞观浪迹天涯、自由闲散惯了，对于物质的东西较为排斥，讨厌住在金碧辉煌庸俗的屋子里。为了要留下顾贞观，他决定在明珠府中建一所如同闲云野鹤的居所，赠予顾贞观居住，将其当为门客。

在别人眼里，明珠府是豪门，而顾贞观则觉得："卿自见其朱门，贫道如游蓬户。"就是说，朱门碧瓦和柴房草是没有什么区别的。

当时有些叛逆和任性的纳兰性德不顾家人的反对，也不管是否合适，就在富丽堂皇的府内专门辟出了一块空地，建起了几间茅草屋，硬生生地把野外的自然之趣搬进了明珠府，还向顾贞观提出请他长期留下来的想法，以示自己的倾心。

## 第七章 半醉半醒半浮生

> 问我何心,却构此、三楹茅屋。可学得、海鸥无事,闲飞闲宿。百感都随流水去,一身还被浮名束。误东风、迟日杏花天,红牙曲。　　尘土梦,蕉中鹿。翻覆手,看棋局。且耽闲斟酒,消他薄福。雪后谁遮檐角翠,雨余好种墙阴绿。有些些、欲说向寒宵,西窗烛。
>
> ——《满江红·茅屋新成,却赋》

纳兰性德期望顾贞观可以闲居于此,就像自由自在的海鸥那样,无忧无虑,自得其乐。古人喜欢用与海鸥为伴来表示闲适或隐居。陆游的《雨夜怀唐安》一诗中有"小阁帘栊频梦蝶,平湖烟水已盟鸥"句,用庄生梦蝶和鸥鸟订盟的典故来喻示闲适的生活。

纳兰性德淡泊功名,一生都在向往陶渊明那种隐居不问世事的悠闲生活。"百感都随流水去,一身还被浮名束"是他对自己处境的感慨。忙忙碌碌中,一切都已经流逝。所有的才情和雄心壮志都将被风雨吹打,七零八落,而他岂能还为虚妄的功名利禄所缚?

朱颜青鬓,枉被浮名误!生活的底蕴究竟是什么?是既然生下来了,就要活下去吗?几千年来,这个问题一直困扰着一代又一代人。有的追名逐利,有的独善其身,有的寄情山水,有的烧香拜佛,有的舍生取义,有的苟且偷生。

设想如何打发今后的生活。如今世事反复无常,当袖手旁观,将其作为一局棋来看待吧。既然这样,纵酒吟诗,自在悠闲,也算是安享一份微薄的福气。

顾贞观后来就在纳兰性德建好的茅屋里住了下来，他说："其敬我也，不啻如兄；而爱我也不啻如弟。"即说纳兰性德对他就像对亲哥哥一样尊敬，而他对纳兰性德就像对亲弟弟一样爱护。

清初诗人梁佩兰也曾与纳兰性德交情甚好，其言："黄金如土，惟义是赴。见才必怜，见贤必慕。生平至性，结于君亲。举以待人，无事不真。"可见，他与纳兰性德也是可以倾其肺腑的志趣相投者。

梁佩兰字芝五，号柴翁，广东南海人。少时聪敏过人，记忆力强，能"日记数千言"，素有才名。顺治十四年（1675年），他乡试第一，但此后三十年间断断续续六次赴京会试，均落第，自号漫溪叟，潜心治学，一时风雅称盛。

梁佩兰善书法、绘画、作词，被誉为清初粤词大家。他每有所作，均被人们争相抄传，名气极大。名公巨卿、达官贵人都以获得他的题咏为荣。

纳兰性德因慕其名，特修书邀他共同选编宋、元词集。梁佩兰留京期间，与中原诗人交往唱和甚多，诗作颇受好评，被公认为诗坛宗匠，名士王公与其交往甚多。

《词人纳兰容若手简》收录了纳兰性德致友人的三十七封书简，其中有二十九封是写给张纯修的。张纯修，字子敏，号见阳，祖籍河北丰润，出生奉天辽阳，隶满洲正白旗，为内务府包衣。后以进士第授江华县令，官至庐州知府。他工书法，善治印，尤其是临摹古画，能达到形神逼真的地步。曹寅《楝亭集》中有《题张见阳临米元晖〈五洲烟雨图〉》，以"欲斗虎儿抗鼎力，祇应墨法识真源"的诗句激赏他。

张纯修临摹赵文敏的《竹木幽禽轴》,曾为大收藏家陆心源、端方等人的珍视。又据朱一新《京师坊巷志稿》著录,明代画家沈周曾为吏部尚书吴宽绘《玉延亭图》,一时高贤才士争相题跋,诗赋珠联。此图流传到清,仅剩诸公手迹,唯独沈周图幅散佚不可复得。张纯修获知后,因忆前人竹庄笔墨,亭古佳致,颇似"玉延",故临仿装潢,补画《玉延亭图》,以存当年遗意。

纳兰性德与张纯修结识后,二人结为异姓兄弟。张纯修将一部分藏品转赠给纳兰性德,在纳兰性德去世后,张纯修又为其辑刻《饮水诗词集》并作序,称其"所以为诗词者,依然容若自言,'如鱼饮水,冷暖自知'而已"。可见,两人的友谊是"互不以贵游相待",而"以诗词唱酬、书画鉴赏相交契"。

还有一位与朱彝尊、严绳孙并称为"江南三布衣"的书法家、史学家姜宸英。他以布衣荐入明史馆任纂修官,分撰刑法志,记述明三百年间诏狱、廷杖、立枷、东西厂卫之害,清初年,又和徐乾学在洞庭山修《大清一统志》。

姜宸英从小受到其祖辈父辈的影响,以才思敏捷、博闻强记而著名。康熙十七年(1678年),在平定三藩之后,清廷为稳定人心,网罗人才,特开博学鸿词科。这是有别于乡试和会试的特殊科制,规定凡学行兼优、文词卓越者,由京官三品以上,各省督抚、布按的官员推荐,无论是否中过举,都可以参加。

当时姜宸英已在翰林院担任纂修明史的任务,对明代的厂卫制度及刑法有其独到的见解，得到了当时主持明史修编的内阁大学士、刑部尚书徐乾学和翰林学士叶方霭的赏识。徐乾学把明史稿进呈御览后，康熙大加赞赏，说姜宸英与另两位修史的人员朱彝尊、严绳孙是"海内三布衣"。

姜宸英开创了清朝以来"布衣修史"的先河。在完成《明史》的编修任务后，姜宸英经徐乾学引荐结识了纳兰性德。姜宸英性情孤傲，而纳兰性德虽出身贵族，却主张个性的张扬，这便是他们得以沟通和交往的重要前提。

姜宸英曾写道："我常箕踞，对客欠伸，兄不余傲，知我任真。我时漫骂，无问高爵，兄不余狂，知余疾恶。激昂论事，眼瞪舌挢，兄为抵掌，助之叫号。"这便是二人友谊的真实写照。

与纳兰性德有十二年交情的朱彝尊是浙江秀水人，字锡鬯，号竹垞。晚年又称小庐钓鱼师，是清初著名的文学家。但他十七岁和归安县教谕冯镇鼎的女儿结婚时，只能作为赘婿，依靠冯家接济为生。青年时期，社会发生动乱，他觉察到社会上存在着严重的问题，但却采取了钻古书读文选消极逃避的态度。壮年时期，为了生活东奔西跑，一面交友授徒，一面钻研金石文物。

文学方面，青年时曾写过《马草行》等表现人民疾苦的诗歌。余绪所及，中年以后，也有《凤蝶令》《出居庸关》等具有强烈时代气息的篇章。

朱彝尊始终和清初一些悲歌慷慨、激切思怀的前朝遗老保持一定的距离。他自己说："予年二十，即以诗古文辞见知于江左之耆儒遗

## 第七章 半醉半醒半浮生

老,时方结文社,兴诅誓,树同异,予概谢不与。"众所周知,清初江南文士的集会结社,多具强烈的民族色彩。朱彝尊"概谢不与",正好说明他的政治态度。所以,他虽然早就为顾炎武所赏识,但彼此走的道路却大不相同。

康熙十八年(1679年),朱彝尊和严绳孙、潘耒、李因笃等人应博学鸿儒科,以布衣入选,被任命为翰林院检讨,参加编纂明史的工作。康熙二十二年(1683年),入值南书房。康熙十八年至二十三年(1684年)间,朱彝尊深受皇帝的宠爱,康熙帝准他在紫禁城骑马,赐居于禁垣东边,还经常赏赐瓜果酒馔。

朱彝尊和纳兰性德相聚的时间并不算多。朱彝尊自己说:"指论交地,星终十二年;斯人不可作,知己更谁怜。翠渐深门柳,红仍腻渚莲,旧游存殁半,凄断小亭前。十年以来,其年、容若、曼园,相继奄逝,同调日寡,偶一间作,亦不能如向者之专且勤矣。"在《临江仙·和成容若见寄秋夜词》中他写道:"倦柳愁荷陂十里,一丝雁络晴空。酸鸡渐逼小亭中。鱼云难掩月,豆叶易吟风。才子年来相忆数,经秋离思安穷。新词题就蜀笺红。雪儿催未付,先寄玉河东。"

可见,他们虽然早年相知,互相敬慕,情谊也深,但却不是过从甚密。在纳兰性德的诗集中,给朱彝尊的诗,现存的只有《寄朱锡鬯》一首。诗中有言"萍梗忽南北,相聚忽相离""开户见残月,道远有所思。丈夫故慷慨,此别何凄其"。

当时,姜宸英、梁佩兰、顾贞观、朱彝尊等人经常聚会欢宴,吟诗填词,是冒有极大风险的。虽然那时的时局渐趋稳定,但还是有不少晚明遗民打着"反清复明"的旗帜，暗中积极活动，不肯受制于清廷。也许是纳兰性德身份特殊，也许是康熙忙于政务，没有空暇去过问这些文人的活动，他们的词作在流传后并没有带来严重的后果。

他们避开官场的争斗角逐，以词牌唱酬做桥梁，既咏叹明亡清兴的朝代更替，又注重彼此间以文会友的情谊，创作了一大批被后人认为是清新秀隽、自然超逸的传世之作。

## 愁时又忆卿

友情可以刎颈之交,也可以清淡如水;可以一见如故,也可以天涯比邻。这四种朋友之交淋漓尽致地体现了友情的厚重与隽永。

朋友位居传统的五伦之中,是基于人格平等、秉性相近、志趣相投的世间重要情感,它不同于亲情的深沉醇厚,也不同于爱情的热烈痴迷。

无论是知音之交、志同之交,还是刎颈之交、君子之交,都在某个方面代表了友谊的最高境界,是每个人所企盼的。高山仰止,景行行止,虽不能至,然心向往之。朋友之中,锦上添花者多有,而雪中送炭者鲜闻。所以许多人才会发出这样的慨叹:人生得一知己足矣,斯世当以同怀视之!

纳兰性德结交朋友,纯粹出自内心的喜恶,没有掺杂丝毫的利益欲望在其中,他所接待的朋友多为寒士,可纳兰性德从来没有摒弃过他们,倒是那些豪门望族,有权有势之辈,他从未刻意去接近。

初次与顾贞观相识时,纳兰性德就知道,他的生命至此将发生改变。只有在顾贞观面前,他才能完全找到自我。纳兰性德虽然人前尊耀,可背后心事重重,他所有的心不甘情不愿,在顾贞观面前都可以尽情展现。

他认为朋友相交,最重要的是彼此之间的信任。他把顾贞观当成了自己的亲人,曾把自己的儿子带到顾贞观面前,对他说:"我的儿子就是你的亲侄子!"然后,又拉着顾贞观的手对儿子说:"孩子,这就是你的亲伯父!"

此外,纳兰性德还让顾贞观为他的词作选集付梓,只要不辜负他的一片真心便可。

> 凭君料理花间课,莫负当初我。眼看鸡犬上天梯,黄九自招秦七共泥犁。　瘦狂那似痴肥好,判任痴肥笑。笑他多病与长贫,不及诸公衮衮向风尘。
>
> ——《虞美人》

"凭君料理花间课,莫负当初我。"这里纳兰性德叮嘱顾贞观,他的词集选编出版之事全权委托了,切莫辜负当初引为知己的情意呀。对纳兰性德而言,为人辑集庶几等同于托妻寄子,是把自己的全部心血托付出去,这等事情舍顾贞观之外再无旁人。

此处纳兰性德说的"花间课",并非说他的词风效法《花间集》,只不过是以之代指自己的词作罢了。他此后的词都远远超出

## 第七章 半醉半醒半浮生

《花间集》,而花间一脉是词的源头,属于"艳科",花间之美在于"情趣",而非"情怀"。纳兰性德的词学主张虽是从花间传统而来,但提倡情趣所在的同时,还具有一定的灵性。

"鸡犬上天梯"是指淮南王刘安的典故。刘安修仙炼药,终有所成,一家人全都升天而去,就连家中的鸡犬也沾了仙气,跟着一同上了天。此处指小人入仕朝廷,登上高位,而他和顾贞观不求富贵显达,只顾于填自己的艳丽小词,至于那些"鸡犬上天梯"之人尽管让他们升天好了。

词中"瘦狂"和"痴肥"是说南朝的沈昭略,他为人旷达不羁,好饮酒使气,有一次遇到王约说:"你就是王约吗?为何又痴又肥?"王约当下反唇相讥道:"你就是沈昭略吗?为何又瘦又狂?"沈昭略大笑:"瘦比肥好,狂比痴好!"其实这是断章取义的用法,纳兰性德用此比喻自己和顾贞观,自况瘦狂。

别人爱笑就由他们笑吧!他们都是些痴肥,无所用心,根本不配笑话自己。在这里,纳兰性德哪里是个多情种,明明是位狂放豪侠。"笑他多病与长贫,不及诸公衮衮向风尘。"其中多病指的是纳兰性德自己,而长贫指的是顾贞观,两个人放在一起,遂为贫病交加。这里暗指一病一贫、一狂一瘦,实在比不上各位痴肥的风光。

> 德也狂生耳。偶然间、淄尘京国,乌衣门第。有酒惟浇赵州土,谁会成生此意。不信道、遂成知己。青眼高歌俱未老,向樽前、拭尽英雄泪。君不见,月如水。　　共君此夜

须沉醉。且由他、蛾眉谣诼,古今同忌。身世悠悠何足问,冷笑置之而已。寻思起、从头翻悔。一日心期千劫在,后身缘、恐结他生里。然诺重,君须记。

——《金缕曲·赠梁汾》

纳兰性德在这首词中称自己原本也是个狂妄的小子,能在京城混迹于官场,不过是因为出身于高贵门第和命运的偶然安排罢了。他真心仰慕平原君的广结贤士,希望能有赵国平原君那样招贤纳士的人,来善待天下的贤德才士,可是没有人理解他的这片心意。但万万没有想到,竟然遇到了顾贞观这位知己。

从古到今,才干出众、品行端正的人遭受谣言中伤都是常有的事。人生岁月悠悠,难免不会遭遇挫折,但无须耿耿于怀,思过之后付之一笑何尝不是一种洒脱。

今朝,纳兰性德与顾贞观以心相许,成为知己;他日,即使经历千万劫难,他们的友情也依然长存。

《金缕曲·赠梁汾》作于康熙十五年(1676年),亦是纳兰性德的成名之作。据顾贞观说,吴兆骞被诬流放,纳兰性德看了顾贞观给吴兆骞的两首《金缕曲》,异常感动,决心参与营救吴兆骞的活动,并且给顾贞观写了这首披肝沥胆的词作。内容慷慨淋漓,跌宕生姿,与其他词作的凄婉缠绵颇为不同。

他劈头自称"狂生",带着颇为不屑的语气说自己生长在京师的富贵人家,蒙受尘世的污浊。他并不稀罕金粉世家繁华喧嚣的生活。

坦率地把自己鄙薄富贵家庭的心境向顾贞观诉说，是希望出身寒素的朋友们理解他，不要把他看成是一般的贵族公子。

"有酒惟浇赵州土"摘自唐代诗人李贺的诗句："买丝绣作平原君，有酒惟浇赵州土。"平原君即战国时期赵国的公子赵胜，此人平生喜欢结纳宾客。李贺写这两句诗是对那些赏识贤士的人表示怀念。他举起酒杯向赵州，觉得茫茫宇内，唯独平原君值得景仰。

纳兰性德用李诗入词，同样是表示对爱惜人才者的敬佩。当然，他和李贺的心情不尽相同。李贺怀才不遇，攀附无门；纳兰性德生于名门，青云有路。但是，他从顾贞观、吴兆骞等人的遭遇里，深深感到社会的不平，感到人才总是无法逃脱遭受排挤的厄运，因而忧思重重，满怀悲愤。

"谁会成生此意"，透露出纳兰性德的孤独落寞。他的失望、彷徨与无奈统统包含在其中。"不信道、遂成知己"则重复强调意外之感，是为了表达得友的狂喜。

"青眼"是高兴的眼色，不过在举杯痛饮之余，又不禁涕泪滂沱。二人惺惺相惜，得友的喜悦、落魄的悲哀，一齐涌上心头。辛弃疾曾有词云："倩何人，唤取翠袖红巾，揾英雄泪。"纳兰性德的心情与此相同。不过，辛弃疾的词中"揾"字比较含蓄，而纳兰性德用"拭尽"一语，却是淋漓尽致地宣泄情感，显得更鲜明、奔放。

"君不见，月如水"即月儿皎洁，似是映衬他们悲凉的情怀，又似是他们纯洁友谊的见证。即景即情，尽在不言中。

"共君此夜须沉醉"中的"须"字很值得玩味。它表明诗人要有意识地使自己神经麻木。从写法上看，此句与杜甫的名句"白日放歌须纵酒"颇有相似之处，但意境大不相同。"纵酒"未必大醉，而"沉醉"却是醉得不省人事。为什么必须烂醉如泥呢？下面跟着作答："且由他、蛾眉谣诼，古今同忌。"

在纳兰性德看来，古往今来，有才识者被排斥不用的多如牛毛，顾贞观等受到不公的待遇自不可免。不合理的现实既已无法改变，他便劝慰好友，无须介怀，一醉了事。这种一醉解千愁的做法，固然是逃避现实的表现，但诗人冷峭的情绪，乃是愤怒与消极的混合。

从顾贞观等今古才人的遭遇中，纳兰性德也想到自己。在污浊的社会中，过去的生涯毫无意趣，将来的命运也不值一提，因而他发出了"寻思起、从头翻悔"的感叹。在词的开头已透露出他对门第出身的不屑，这里是再一次申明，强调他和顾贞观有着同样的烦恼，对现实有着同样的认识，他和顾贞观一起承受着社会给予的不合理的压力。在这里，通过词人对朋友安慰体贴相濡以沫的态度，我们可以看到他对现实生活的不满和激愤。

在激动之余，纳兰性德把笔锋拉回，用沉着坚定的调子抒写他对友情的珍惜。在遇到知己的时刻，他郑重表示，一旦倾心相许，友谊便地久天长，可以经历千年万载。同时，因为彼此相见恨晚，只好期望用来世补足今生错过的时间。

除了感情上的倚重，纳兰性德对顾贞观的才华也是佩服得五体投地。在生病的最后时刻，他邀集"南北之名流"在家中举行文人雅集，以府上栽种的明开夜合花为题吟咏酬唱。

## 第七章 半醉半醒半浮生

当时顾贞观是最后一位写出诗词的人,纳兰性德"读之铿然,喜见眉宇",唯恐他最信赖的朋友屈居他人之后。如此知音,怎么不让顾贞观慨然长叹。

第八章

戍边荒沙且思虑

## 第八章 戍边荒沙且思虑

今古河山无定据。画角声中,牧马频来去。满目荒凉谁可语,西风吹老丹枫树。 从前幽怨应无数,铁马金戈,青冢黄昏路。一往情深深几许,深山夕照深秋雨。

——《蝶恋花·出塞》

思念让人心痛,也让人觉得凄美。

思念中的人总会感到些许忧伤。这种忧伤带着对幸福与甜蜜的向往,既温馨又苦涩。

从离开家的那一刻起,纳兰性德就被思念形影不离地缠上了。与家人离别是无耐的选择,挣开那紧紧拥抱的双手,收拾简单的行囊启程。当他来到塞外,淋着异地他乡的秋雨时,送别的箫声依旧在耳畔回响。

傍晚,他独自站在连绵起伏的山脉上,瞻仰蜿蜒盘旋的万里长城，读着关山秋月，心里却流连湖光潋滟。思乡的惆怅涌上心头，故乡的一草一木总让他深深怀念。他好像听到故乡的召唤，似涓涓细流，在心底蜿蜒缠绵。

江山变化无定，权力纷争不止。今天，词人牵着瘦马，伴着残阳，踏着古道，风尘仆仆而来，想到当年战事频仍，似乎直到如今，边塞的道路上还隐约显现出清军入关以前各族间的战争景象，不禁又平添了许多悲凉。

岁月倏忽，往事已矣。放眼望去，满目荒凉，唯有片片枫叶在萧瑟的西风中无助地飘摇，似乎在诉说着无尽的哀伤。

从前已有无数幽怨，今后又将如何？无论是金戈铁马，还是青冢黄昏，都为秋雨所冲刷。

## 相思风雨中

路途迢迢，日月昭昭。

时常离家，便有了别样的相思。以相逢为笺，思念为笔，也书清风，也写明月，只将这一份温情，遥寄那料峭的春天。号角再一次吹起，纳兰性德的相思之情似乎也随着号角声飘向遥远的家乡。泪水在眼眶里盘桓，却始终不忍落下，只因在这份相思之中还有另一番惆怅。

爱妻亡故，如今感情上形单影只的纳兰性德，反而有了更多的牵挂：富尔敦尚幼，不知道自己不在他身边时，他是否会哭闹；父母年事已高，不知是否又添白发新愁；弟弟纳兰揆叙少不更事，希望不要给家里添烦恼；家中的那些书籍，是否因没有时间去翻阅而早已积尘满溢。他要担心的事太多太多，多到家中的一草一木都让他思念和牵挂。

失去爱妻后，整日病恹恹的纳兰性德，实在无心公务，但奈何皇命难违。

  黄云紫塞三千里，女墙西畔啼乌起。落日万山寒，萧萧猎马还。　笳声听不得，入夜空城黑。秋梦不归家，残灯落碎花。

——《菩萨蛮》

  这首词作于康熙十六年（1677年）秋天，此时卢氏病故不久，纳兰性德随康熙巡视之际，上发京师，谒孝陵，巡近边。

  来到与家千里之隔的边塞，不由得生出思乡之情。莽莽几千里，城墙一路延绵。黄昏之时，无数乌鸦的啼声滴落在城墙西畔。夕阳收拢最后一丝光热，落入西山。远处的群山被暮色清寒笼罩，天光暗沉下来。此时猎队已经回归，马鸣萧萧响彻耳际。

  入夜时分，有人吹响胡笳。秋夜瑟瑟，笳声凄凄切切。不堪听，还生愁。纳兰性德身处异乡，愁绪带来了无端的空寂之感，这种感觉遁入无尽的黑暗后又重新和着夜色将他包裹。这一夜，他怕是又要彻夜不眠。一盏残灯相伴幽怀，灯花泪水两簌簌。

  将远戍之苦、思家之心融合在一起，行进在凄凉的荒漠中，纳兰性德悲怆孤独的心情也随之沉重起来。

  康熙十七年（1678年），在耿精忠、尚之信归顺清廷之后，吴三桂于衡州称帝，立国号周，建元昭武，大封诸将，还号召百姓改穿明

## 第八章 戍边荒沙且思虑

朝衣冠并蓄发。但此时清朝军队已今非昔比，大局已定，吴三桂已无力回天。同年秋，六十七岁高龄的吴三桂病死衡州，其孙吴世璠继承帝位。

当年康熙皇帝登基时，吴三桂杀南明永历帝于昆明。同年，清廷晋封吴三桂为平西亲王，兼辖贵州省，永镇云贵。他与镇守福建的靖南王耿精忠、镇守广东的平南王尚可喜之子——尚之信相呼应，成为拥兵自重的三藩。

清廷于康熙十二年（1673年）下令撤藩。吴三桂闻讯后气急败坏，暗中指令死党向撤藩使者请愿，要求停止撤藩，继而又拖延时日，与心腹将领密谋发动叛乱。他还指使其党羽以"九天紫府刘真人"的名义吹捧自己是"中国真主"，为反叛大造舆论。

在经过一阵短暂的准备后，吴三桂铤而走险，杀巡抚朱国治，提出"兴明讨虏"的口号，发布檄文，联合平南王世子尚之信、靖南王耿精忠及广西将军孙延龄、陕西提督王辅臣等起兵造反，挥军入桂、川、湘、闽、粤诸省。

起兵年来，吴三桂差不多打下了长江以南的半壁江山，这期间，双方进行过六次殊死决战，吴军四胜，清军二胜，吴军是占上风的。几年的仗打下来，吴军的总兵力为清军的两倍，无论数量还是质量，康熙都不是吴三桂的对手。如果不是吴三桂病逝，战争未必会这么快就结束。

"幸荷上天眷佑，祖宗福庇，逆贼遂尔荡平。倘复再延数年，将若之何？"得知吴三桂抱病而死的消息后，康熙终于松了一口气，于是决定十月与太皇太后去滦阳别墅游玩，顺便巡视北边的滦河两岸。

坐落在滦河北岸、西山坡上的滦阳别墅，前身是摄政王多尔衮建设的"避暑城"。

多尔衮是顺治皇帝的叔父，他曾多次来喀喇河屯行围狩猎、避暑，十分喜欢这块"风水宝地"，便动用246万两白银在这里修建了一座避暑城。

别墅内建有"逍遥楼"，可以登高远眺，假山花园也是景象壮观，令人陶醉。另外还有建于滦河北岸的小金山，把滔滔的滦河水引进来，河网密布，长堤延伸，小桥横卧，一片壮观的水乡之景。沿堤平野上栽种着大面积的金莲花，更是别有一番趣味。康熙时常来此避暑消闲、行围打猎；有时是去木兰围场秋狝，来回在这里小住，有时也在这里处理朝政，接待蒙古王公贵族。

康熙十七年的这次巡游，随行的除纳兰性德外，还有内大臣塔达、吴穆纳，一等侍卫衣都额真郎谈、色胡里等人。

玉绳斜转疑清晓，凄凄月白渔阳道。星影漾寒沙，微茫织浪花。　　金笳鸣故垒，唤起人难睡。无数紫鸳鸯，共嫌今夜凉。

——《菩萨蛮·宿滦河》

北斗星忽明忽暗，天色快要亮起来。月影与星辰交相辉映在滦河之上，那寒月凄凄，令渔阳道上一片寒白。古堡垒传来金笳声声，鸳

## 第八章 戍边荒沙且思虑

鸯双栖双宿,离人难眠,却怪夜晚凄冷。

康熙喜欢四处巡视,于是纳兰性德开始了忙碌的侍卫生涯。康熙十八年,纳兰性德保定随行;康熙十九年,昌平随行;康熙二十年,汤泉随行,京畿随行……皇帝在视察之余,尚可兼享休息和娱乐,但他身边的侍卫却没那么惬意,随时都要保持精神高度集中,确保出巡安全。

对于纳兰性德的侍卫工作,韩菼在《通议大夫一等侍卫进士纳兰君神道碑铭》中有这样的描述:"君日侍上所,所巡幸,无近远必从,从久不懈,益谨。上马驰猎,拓弓作霹雳声,无不中。或据鞍占诗,应诏立就。"

康熙有三次东巡,从北京出发,经山海关至辽宁,最远到吉林乌拉;六次西巡,从北京出发远达五台山;南巡可以说是他最有成就的远巡,往返七千里,最远到杭州、绍兴等地。还有三次北征,并亲征噶尔丹。除去远巡,赴近郊巡幸也很频繁。共有四十八次木兰围场秋狩,五十三次移驾避暑山庄,他如此勤政,可想而知其臣下的忙碌程度。

康熙二十一年(1682年)二月,康熙第二次东巡,奉祖母博尔济吉特氏之命,回东北谒陵祭祖。他先谕旨议政王、贝勒、大臣会议,商量谒陵事宜,分派各衙门速行备办。随后命礼部设置卤簿仪仗侍候。接着,又特谕翰林院侍从高士奇和御前侍卫纳兰性德,扈从圣驾东巡。

康熙视东北为"龙兴重地"。这里有其远祖三陵寝:永陵在兴京，福陵与昭陵在盛京。因此，谒陵祭祖就成为康熙帝生活中的一件大事。除了感祖德，行孝道，炫耀他的文治武功外，更重要的是借机巡察边界，加强边防建设，防御沙俄的侵犯。

二月十五癸巳辰时，紫禁城击鼓鸣钟，震撼京师上空。英姿飒爽的康熙皇帝率领皇后、众嫔妃和皇太子等辞别两宫。文武百官云集午门，以大礼相送。最前边是三百人执役校尉的卤簿仪仗队，康熙骑马走在仪仗队后面，其次随驾的是几年前被册立为皇太子的胤礽。太子之后是三位主要后妃，各自乘坐镀金轿子。再后是各位王爷、朝廷贵戚、各等官员，这些人又为众多的随员和侍从簇拥着，每个队列还有上百名太监与侍卫前后簇拥，左右护卫。最后的队列是扈驾诸王和八旗劲旅。此外还有三十名负责联络事物的亲兵骑着快马驰骋其间。一行总共约有七万人，浩浩荡荡的大队人马迤逦向东而行，旌旗羽葆络绎不绝，长达二十余里，声势极为浩大。

当时，留京的文武官员一路将这支队伍送行到东直门外。

> 山重叠。悬崖一线天疑裂。天疑裂。断碑题字，古苔横啮。　　风声雷动鸣金铁，阴森潭底蛟龙窟。蛟龙窟。兴亡满眼，旧时明月。
>
> ——《忆秦娥·龙潭口》

纳兰性德扈驾东巡经过龙潭口，只见此处群山环绕，举目望去，天空仅露出一线，仿佛是要裂开。山上的断碑长满苍苔，一点一点地

## 第八章 戍边荒沙且思虑

啃噬着碑文。龙潭口风雷大作,发出了金戈铁矛撞击般的巨大声响。面对如此景色,纳兰性德感慨倍多,不胜兴亡之叹。

> 山一程,水一程。身向榆关那畔行,夜深千帐灯。
> 风一更,雪一更。聒碎乡心梦不成,故园无此声。
>
> ——《长相思》

纳兰性德一路随从康熙帝诣永陵、福陵、昭陵告祭,二十三日出山海关。塞上风雪凄迷,苦寒的天气引发了纳兰性德对家的思念,于是写下了这首《长相思》。词中"一程"二字重复使用,突出了路途的遥远,翻山越岭,登舟涉水,一程又一程,愈走离家乡愈远。

日间长途跋涉后,夜晚在旷野上搭起帐篷准备就寝。千万个帐篷里灯光熠熠,外面的风雪惊醒了睡梦中的将士,勾起了他们对家的思念。

山长水阔,路途漫长而艰辛,加之塞上恶劣的天气,这样的境遇让纳兰性德生出了悠长的慨叹之意和深沉的倦旅疲惫之心。

这年三月初,康熙一行抵达盛京。驻盛京将军阿穆尔图率属下和兵丁万余人出城迎驾。城中尽设卤簿,百姓夹道迎接,颂扬太平盛世。康熙先在位于盛京大东门外十里的天柱山上拜谒了福陵(也称东陵)。这里葬着清太祖努尔哈赤和他的后妃。陵寝卧于峰峦、松木之间,是个山清水秀的地方。

康熙皇帝带领皇太子、皇后、嫔妃等人在供品丰盛、香烟缭绕的雕龙石案前行过三跪九叩大礼之后，撰写了《大清福陵神功圣德碑》，拜谒后，康熙帝当即赋《石马歌》，以颂两匹白马的功劳。祭过福陵、昭陵之后，康熙又派亲信大臣赴兴京永陵拜谒远祖。那里葬有努尔哈赤的六世祖孟特穆、曾祖福满、祖父觉昌安、父亲塔世克、伯父礼敦和叔父塔察篇古。

康熙一行游罢医巫闾山，便直往吉林进发。一路上，边练兵边围猎。这天，君臣走过一片茂密的树林，正好是天亮的时候。进入乌喇地界，康熙勒住马缰远望。身旁的纳兰性德也随着望去，只见一片胭脂红的群山树海，耳听哗哗流淌的山泉，近瞰脚下犁牛新翻出来的良田沃土，景色奇特，令人舒畅。迎面又见滔滔的松花江水，渔船川流不息，人声喧闹不已。

万帐穹庐人醉，星影摇摇欲坠。归梦隔狼河，又被河声搅碎。还睡，还睡，解道醒来无味。

——《如梦令》

此词是纳兰性德扈从圣驾东巡时所作，用穹庐、星影两个不同的物象，以及宇宙间两个不同的方位为展现背景，通过人物睡梦和睡醒两种不同状态的切身体验，揭示情思，视野广阔，意味深长。

满天繁星摇曳，将士们在千万顶行军毡帐之中酣歌豪饮，酩酊大醉。但再多的酣歌，再奇绝的风景，也抵不了词人心底对故园的期

## 第八章 戍边荒沙且思虑

盼。即使扈从圣驾风光无限,但离家万里,思归折磨着词人,在种种焦虑与不安中,纳兰性德感到在天地面前自身是如此的渺小,内心更生寂寥。

## 惆怅无依客

康熙不出巡的日子，纳兰性德也没有休息的时间。他既是侍卫，又是文学侍从，必须随时应对康熙皇帝的召唤。有时临时接到旨意，就算骑在马上也要立即写诗，总之，一定要在第一时间一丝不苟地完成皇帝交给的任务。康熙对他的满意远超一般侍卫，赏赐更是不计其数。纳兰性德表现得越是优秀，康熙就越是离不开他，他也从最初的三等侍卫，晋升为一等侍卫（武官正三品）。

康熙曾经命令纳兰性德赋《乾清门应制》诗，翻译康熙御制《松赋》，甚为满意。

韩菼在纳兰性德的碑铭中描述说："上有指挥，未尝不在侧，无几微毫发过。"即只要康熙帝任何时候发出任何指令，纳兰性德都能在第一时间内办好，从不离开职位半步，也从没出过差错。

从文到武，康熙对纳兰性德都感到满意。可在仕途上，康熙却对他既欣赏又提防。从私下的关系看，因纳兰性德出身显赫，家族又与

## 第八章 戍边荒沙且思虑

皇室沾亲带故，相对于其他人，康熙更信任他；但从君臣的角度看，康熙又不能太信任他。纳兰性德文武双全，又德才兼备，对于康熙来说，纳兰性德的才华让他妒忌，也略感到威胁。在安排事务上不放权位是首要考虑，但因带着亲缘，放在身边要比其他人来得可靠。

康熙二十一年八月（1682年8月），纳兰性德奉使觇梭龙诸羌，考察沙俄侵边情况。这一年，他二十八岁，第一次作为皇帝的特派使臣出使塞外。

据《清史稿》描述，纳兰性德奉使塞外的目的是"有所宣抚"，即传达旨意，安抚民众，这是清朝实施边防的一个重要策略。此时朝廷刚刚平定吴三桂，解决了三藩叛乱，胸怀大志的康熙皇帝便立即着手处理边防问题。

从史料上看，清政府对待少数民族的态度和对待沙俄的态度是不同的。对待沙俄是武力抗击，而对待少数民族则是以"宣抚"为主，恩威并施。清政府与蒙古向来关系比较亲近，但漠北喀尔喀蒙古和漠西厄鲁特蒙古由于被噶尔丹掌控，因此形势显得复杂。

当时各少数民族部落的态度还不明朗，一方面想归附于清政府，另一方面又受制于他人。纳兰性德奉命出使梭龙，便是秉承"宣威蒙古，并令归心"的政策，既要探清虚实，又要显示朝廷的威信和安抚诚意。因此，此次出使梭龙是有备而去的，他率领了数千军马，做好两手准备。

据研究，科尔沁以北直至黑龙江两岸，皆为梭龙地带。纳兰性德去梭龙"仅抵其界"，大约只到达墨尔根、爱珲之间的地区，当时尚未筑齐齐哈尔城,所以不必绕向齐城。八月末出发,十月望已在梭龙。

出使途中,纳兰性德感受着塞外的荒凉,联想到数百年来无数的战士埋骨于此,世事变迁,无限沧桑。他将这种悲怆之怀与眼前的静穆荒垒相对应,描写了一个充满萧索之气的塞外景象。

身向云山那畔行。北风吹断马嘶声。深秋远塞若为情。一抹晚烟荒戍垒,半竿斜日旧关城。古今幽恨几时平。

——《浣溪沙》

深秋的边塞,北风呼啸声中似乎夹杂着马嘶人语,使人感到悲怆。晚烟一抹,袅然升起,飘荡于天际,营垒荒凉而萧瑟;时至黄昏,落日半斜,没于旗杆,而关城依旧。战争的沙场埋葬了多少征夫的尸体,有多少守望在岁月的流淌中渐渐成空。古往今来,胸中的怨恨何时能平?

古今幽恨,既不同于遣戍关外的人凄楚哀苦的呻吟,又不是卫边士卒万里怀乡之苦叹,而是纳兰性德对宇宙浩渺、人生纷繁以及世事无常的独特感悟,虽可能囿于一己,然而其情不胜真诚。

塞外出使途中,纳兰性德始终少不了对家的思念和牵挂。收到家书后,得知家中的秋海棠花已开,顿时离愁别绪涌上心头,由此花而赋词,表达了乡关客愁,相思难耐的心情。

## 第八章 戍边荒沙且思虑

塞上得家报云秋海棠开矣,赋此。

六曲阑干三夜雨,倩谁护取娇慵。可怜寂寞粉墙东。已分裙钗绿,犹裹泪绡红。　　曾记鬓边斜落下,半床凉月惺忪。旧欢如在梦魂中。自然肠欲断,何必更秋风。

——《临江仙》

家里已经下了三夜的雨,谁来保护庭院里那娇弱的秋海棠?可惜粉墙的东边寂静无人,秋海棠的花绿萼已分,红花上带着雨滴,好像娇艳的美人一样。回想起曾经,深夜时分,爱妻睡眼惺忪,白日里摘下的秋海棠仍在鬓边垂着,清冷的月光倾泻床边,好像在睡梦中醒来的美丽仙子,娇媚慵懒。

追怀往昔,那些美好的时光和此时"肠欲断"的凄苦之情形成了鲜明的对比。此时,塞外西风呼啸,连着天际的枯黄令离人更加愁苦。逝去的时光只能出现在梦中,如今早已肝肠寸断,秋风又何必再来滋扰。

别绪如丝睡不成,那堪孤枕梦边城。因听紫塞三更雨,却忆红楼半夜灯。　　书郑重,恨分明,天将愁味酿多情。起来呵手封题处,偏到鸳鸯两字冰。

——《于中好》

人间最伤是离别。别后的相思之情绵绵不绝,如丝般纷乱,令纳兰性德辗转反侧，不能入睡。夜雨潇潇，触动相思，忆起妻子卢氏在深夜里思念自己的情景，不禁悲凄彻骨。

对家乡的思念格外分明。拿起笔，铺开纸笺，写好家书。用嘴中的热气呵暖双手，将家书封好，可偏偏看到"鸳鸯"二字，心中之痛又被触动，手又僵了起来。

朔风吹散三更雪，倩魂犹恋桃花月。梦好莫催醒，由他好处行。　无端听画角，枕畔红冰薄。塞马一声嘶，残星拂大旗。

——《菩萨蛮》

驻留塞外的纳兰性德，用这首《菩萨蛮》来表达风雪之夜自己对妻子和家人的思念。"三更雪"和"桃花月"，一实一虚，哀乐毕现，进而引发了词人对虚幻幸福的渴望。在梦境中，纳兰性德与爱妻共度美好时光，而梦醒后，眼前则是塞上的苦寒荒凉。强烈的对比，使人感到更加孤清凄冷。

塞外呼啸的朔风吹起了满地的落雪，夜半时分，耳畔传来声声画角，枕着薄冰一般的枕头，惆怅难耐，思念之情也更加强烈。

## 天涯孤旅人

登临城楼,看大雁飞去,衣袖在边塞的朔风中咧咧作响。

纳兰性德独自站在空旷寂静的战场上,听着寂寞的心跳,看着天边艳丽的晚霞被夜色覆盖,远处的长烟消散在夜风中,落日也沉入了地平线,而这座城池仍然固执地守在这片荒凉的大漠上。

纳兰性德孤身一人流落他乡,路途迢迢,风雨潇潇,不知何日归家洗客袍。透过缱绻的文字,体现归心似箭的心情。调弄银字笙,轻点心字香,天涯孤旅人心中无时不渴望家中的温暖。

> 西风乍起峭寒生,惊雁避移营。千里暮云平,休回首、长亭短亭。　无穷山色,无边往事,一例冷清清。试倩玉箫声,唤千古、英雄梦醒。
>
> ——《太常引·自题小照》

望着眼前粗犷而神秘的塞外风景，秋风吹起，寒意顿生，惊雁移营，蓦然回首，千里暮云之下长亭连着短亭。无穷的山色、无尽的往事都沉浸在这冷冷清清的秋意之中。谁的箫声才能唤醒英雄旧梦呢？

这是一首题写在画像上的小令。当年纳兰性德出使梭龙，友人为他绘制了一副出塞图。在他回来之后，他的许多朋友都在这幅图上题诗，于是，他自己也提了这阕小令。

这首小令在他洋洋洒洒数百篇的作品中并不起眼，但却具有典型的纳兰词特征。豪放之情，婉约之形，字里行间还有无尽的迷茫和困顿，在词意上更有难以言说的痛楚。

纳兰性德在出使梭龙途中曾经过王昭君的埋葬地。

当年，王昭君的远嫁换来了汉朝长年的和平。当纳兰性德带着浩浩荡荡的队伍从这里经过时，看着眼前的荒芜，深深感受到昭君身处这样的环境中，失去自由无人倾述的幽怨。

是年十二月，纳兰性德完成任务回到京城后将出使的情况向康熙做了详尽的汇报。有记载："卒得其要领还报。"表面意思是说纳兰性德终于完成了使命，回京后将出使的情况向康熙报告，但这其中还有"要领"要仔细推敲，这"要领"是什么呢？

这也许是当时的军事机密，所以无法真实地写出来，有关纳兰性德觇梭龙的过程，也没有详细的记载。但可以推测，这个要领就是纳兰性德觇梭龙后的秘密奏报，报告梭龙各部落"宣抚"成功，他们愿意和朝廷合作，共同对抗准噶尔部。不久梭龙各部落还派遣庞大的使团来京朝贡，由此也证明了纳兰性德这次任务的成功。

## 第八章 戍边荒沙且思虑

后来，康熙亲自前往多伦诺尔会盟漠北蒙古各部，和平解决了北疆问题，推行清朝的编旗等制度，使蒙古各部都倾心臣服，愿列藩属。安抚好漠北蒙古后，康熙解除了后顾之忧，才放手处理西北边疆的准噶尔部。

虽然纳兰性德没有机会亲历多伦诺尔会盟的盛况，也没有机会扈从康熙御驾亲征，实现他在战场上的雄心，但这次"宣抚"的成功无疑稳定了北疆局势。这也说明了纳兰性德的政治才干和康熙对他的信任。

这次出使任务应该是康熙对纳兰性德的一次全面考察，从纳兰明珠和纳兰揆叙的任职经历来看，康熙不会让纳兰性德永远屈就于侍卫这个职位。他让纳兰性德单独率军去觇梭龙，是准备让他大展其才，委以重任。

从觇梭龙回来以后，纳兰性德的侍卫生涯暂时没有变化。虽然升任了一等侍卫，但服侍皇帝的身份并没有得到根本改变，这使纳兰性德陷入内心的矛盾和痛苦之中无法自拔，随着年龄的增长，这种感觉愈来愈强烈。而这种矛盾，在很多人看来是难以理解的。

对于一个臣子来说，每天能与皇帝这般亲近是种荣光，但纳兰性德并不这样想，他在给好友的信中写道："弟比来从事鞍马间，益觉疲顿。发已种种，而执辱如昔，从前壮志，都已隳尽。昔人言，身后名不如生前一杯酒。此言大是。"

纳兰性德自从当上侍卫，终日鞍马劳顿，身心越来越觉得疲惫和厌倦。眼看着自己年华老去，可还要像年轻人一样，随时佩戴着刀剑，听候命令。

古人说得好，与其追求身后名声，不如生前痛痛快快地喝一杯酒，这才是纳兰性德向往的人身自由。从前的那些壮志凌云，现在都消磨殆尽。这些幽怨满腹的话，他自是不敢向康熙皇帝和父亲纳兰明珠诉说的，只能向他结交的江湖文人吐诉。

从少年壮志到侍卫茫然，官场的历练没有让纳兰性德变得世故和圆滑，反让他清醒地意识到，用牺牲自我为代价，去换取仕途显达，对他来说都是虚幻。

他性情的转变，在词中也得到体现。

何处淬吴钩？一片城荒枕碧流。曾是当年龙战地，飕飕，塞草霜风满地秋。　霸业等闲休。跃马横戈总白头。莫把韶华轻换了，封侯，多少英雄只废丘。

——《南乡子》

哪里是用血浸染的吴钩之地？而今已是城池荒芜，碧水长流。这里曾是当年群雄争霸的战场，但现在塞草遍野，寒风呼啸，满地皆是秋色。"何处淬吴钩"奠定了这首词悲凉凄怆的基调，下面紧接着"荒城枕碧流"，映衬出当年争战之地的萧瑟荒凉，也折射出纳兰性德的迷惘与哀伤。

"塞草霜风满地秋"道尽了秋日的萧瑟凄凉。古战场上看不到兵刃相见的厮杀，听不到震耳欲聋的呐喊，剩下的只有满眼疯长的

## 第八章 戍边荒沙且思虑

塞草和耳边掠过的风沙,满地萧瑟的秋色,感受到的是历史留下的荒芜。

称霸的事业轻易地结束了,策马驰骋,兵戈杀伐,最终也只换得一头白发。人生苦短,人间若梦,多少英雄到头来只不过被埋于废弃的山丘之下。再辉煌的功业都会被历史掩埋。

回忆扈驾巡行十三陵,杂草丛生,瓦砾成堆,鸟雀狐兔随处可见,枯枝败叶满地飘零。明代皇陵竟零落凋残到如此地步。可以想见,明朝未亡时,皇陵遍植苍松翠柏,护陵的亲兵列队,守墓的太监成群,晨钟暮鼓,香烟缭绕……昔日的繁荣不堪回首。

纳兰性德以其特有的敏感,隐约从表面繁荣昌盛的康熙朝看到了其背后又深又大的黑洞,看到了隐藏在清王朝太平盛世之后腐朽没落的危机,他着实地感到大清江山的冰层开始在脚下断裂。终日惴惴,如履薄冰,如临深渊,空虚、彷徨、迷惘、苦闷的情绪无时无刻不萦绕在他的心头。他曾发自内心的感慨:"荣华及三春,常恐秋节至。"

世事无常,功名虚无,纳兰性德通过历史古迹的满眼苍凉领悟到所谓的雄图霸业、封侯拜相,最终都逃不过被历史的尘埃湮没的命运。悲壮之中又有着超越历史的时空之叹,沉郁悲慨。

纳兰性德年少时曾写过:"平生纵有英雄血,无由一溅荆江水,荆江日落阵云低,横戈跃马今何时。"可不过几年时间,他就将这腔英雄血的激情渐渐消退。

人生短暂,年华勿虚度。

仕途的身不由己，让纳兰性德产生了反思。追名逐利、封侯拜相，不过是表面的辉煌；彪炳一时的英雄在历史长河中也不过是一座坟丘。人生终其结果，仅是一场梦而已。

# 第九章 欲说还休愁愁愁

## 第九章 欲说还休愁愁愁

谁念西风独自凉？萧萧黄叶闭疏窗。沉思往事立残阳。被酒莫惊春睡重，赌书消得泼茶香。当时只道是寻常。

——《浣溪纱》

她仍会时常出现在他的梦中，可每到梦醒时分，二人便又生死相隔。

在朦胧的梦境里，他能清晰地看见她的样子；而在清醒时，他却只能回忆起她模糊的背影。多希望这美好的梦永远都不要醒来，这样他便可以将她留住，而不是只能空对着画像发呆。

不知她是否也会偶尔想起二人曾经一同漫步于花间的景象。那时，她明亮的眸子就是最纯洁的白云，她粉嫩的俏唇就是最生动的灵魂。晴空丽日下，她是天上自在的鸟儿，尽情地在那里欢唱；浩瀚星夜里，她是那轮可爱的明月，被繁星所拥簇。她婀娜的倩影，就像广寒宫里的嫦娥，让人如痴如醉。

在纳兰性德的梦里、心里，一直有一个微笑的她，不论白天、夜晚，晴空或是阴雨，他都在企盼着她深情的回眸，企盼在下一次邂逅之时，轻声私语，带她回家。带她回到原来的那个家，那个有着诗词书画的家，那个有着婴儿啼哭的家，那个添香磨墨、绣着鸳鸯的家。

西风吹来，谁会想到有人在这风中独自悲凉？明知已是"独自凉"，无人念及，却偏要生出"谁念"的诘问。如今，与她一同嬉戏的庭院已是遍地黄叶，似乎要在万物沉寂前纷扬一番，带着有关她的记忆四处飘散。而他，只能站在空荡荡的屋中，任夕阳斜照在身上，把影子拖得很长很长。

## 哀感饮水词

康熙十五年,顾贞观去京城之前给纳兰性德画过一幅画像,还为这幅画像专门题了一首《梅影》。

> 好寒天。正孤山冻合,谁唤觉、梅花梦,瘦影重传。自簇桃笙兽炭,偎金斗、微熨芳笺。更未解鸾胶,绛唇呵展,才融雀瓦,酥手亲研。土木形骸,争消受、丹青供养;况承他、十分着意周旋。丁宁说,要全删粉墨,别谱清妍。
> 
> 凭肩。端详到也,看侧帽轻衫,风韵依然。入洛愁余,游梁倦极,可惜逢卿憔悴,不似当年。一段心情难写处,分付朦胧淡月、晕秋烟。披图笑我,等闲无语,人忆谁边。卿知否,离程纵远,只应难忘,弄珠垂箔,乍浦停船。
> 
> 甚日身闲。锁窗幽对,画眉郎、还向画中园。且缓却标题,留些位置,待虎头痴绝,与伊貌出婵娟。仿佛记、脂香

浮玉琴，翠缕飏珊鞭。淡妆浓抹俱潇洒，莫教轻堕尘缘。便眼前阿堵，聊供任侠；早心空及弟，似学安禅。共命双栖，都缘是雪泥鸿爪，从今夜省识春风纸帐眠。须信倾城名士，相逢自古相怜。

这里"端详到也，看侧帽轻衫，风韵依然。"说明在顾贞观的画像中，他头上的帽子是歪戴着的。纳兰性德很是欣赏这幅画像，专门为这幅歪戴帽子的画像题写了一首词，就是他的《金缕曲·赠梁汾》，后被京城里的人竞相传抄，成为纳兰性德的成名之作。

同一年，纳兰性德第一次整理了自己的早年词作并刊印出来，以代表作"侧帽词"作为词集名，一时风靡京城。

从表面理解，"侧帽"即头上的帽子没有戴正。这个词集名充分体现了他风流倜傥的文人雅士情怀。

"侧帽"的说法源自于魏晋南北朝时期独孤信的一个典故。独孤信，原名独孤如愿，鲜卑族，善于骑射又富有文才。他聪明过人，担任过许多要职，如陇石十一州的大都督、秦州刺史等。正光（北魏孝明帝）末年，独孤信与贺拔度等人一起斩杀了卫可孤，因此而知名。独孤信初为葛荣部下，葛荣失败后，投归尔朱荣。后随孝武帝西行，授爵浮阳郡公。西魏建立后，独孤信任大将军、大都督等职。之后大败东魏弘农郡守田八能、都督张齐民、刺史辛纂，平定三荆，又随丞相宇文泰收复弘农，攻克沙苑。于是授柱国大将军、尚书令、卫国公等官爵，不仅战功卓著，而且政绩辉煌。

## 第九章 | 欲说还休愁愁愁

独孤信文武双全，身份尊贵，据说姿容绝世，又善于修饰自己，因此成为人们心中崇拜的对象。一次独孤信出城打猎，回来的时候在马上遇到一阵风，把头上的帽子吹歪了。他当时要赶在宵禁之前奔回家，由于马骑得太快，吹歪的帽子也来不及扶正。不明就里的人看到他的样子，大感惊艳，觉得非常潇洒。

第二天，独孤信再出门时，惊讶地发现全城的男子都头戴歪帽。他无意中的举措竟然成了人们竞相模仿的对象，真是"其为邻境及士庶所重如此"。后来北宋的晏几道在《清平乐》词中写道："春云绿处。又见归鸿去。侧帽风前花满路。冶叶倡条情绪。红楼桂酒新开。曾携翠袖同来。醉弄影娥池水，短箫吹落残梅。"其中的"侧帽风前花满路"颇有风流之意，纳兰性德就是借此自诩为翩翩风流公子。张任政在《纳兰性德年谱后记》中写道："纳兰平生服膺晏词，其弱冠时所作曰《侧帽词》，有承平乌衣少年、樽前马上之概。"

由此可见当初的纳兰性德，是多么的自命不凡和自认风流。他要做到真正的文武双全，在功名的道路上成为独孤信那般拥有功勋的大将。

说明纳兰性德自诩风流的还有一件事，即徐乾学在为其撰写的墓志铭中云："尝读赵松雪自写照诗有感，即绘小像，仿其衣冠。"说的是纳兰性德读赵孟頫的一首自写照诗，读后很有感触，就依据赵孟頫的衣着打扮，给自己画了一幅自画像，然后拿去给朋友们看。朋友看后都说是风神俊逸，不同凡响，赞美之词如潮。

至今，故宫博物院内还保存着纳兰性德的一幅画像。画像中的公子,身着宽松的长袍,腰间松松地挽着一根腰带,斜倚在以水墨画装饰的贵妃榻上,微翘着脚。画中的他左手托着一个白瓷茶壶,右手轻轻捋着胡须,一副悠然自得、从容闲雅的模样。

赵孟頫是宋末元初的著名书法家、画家、诗人,宋太祖赵匡胤第十一世孙。纳兰性德景仰赵孟頫,诗中常出现"得此良已足,风流渺难继""一竿我欲随风去,不信扁舟是画图"诸句,以示向往之情。其五言古诗《拟古》《杂诗》等,与赵孟頫的《古风》《咏怀》诸作神形毕肖,如出一手。诗之师法赵孟頫亦显见。赵孟頫在《夏日即事呈六兄》中云:"我虽不解饮,预恐尊中空。"纳兰性德也效仿之,在《和友人饮酒》中云"我性虽不饮,劝客愁尊空",尤见心摹手追之迹。

爱妻的离世改变了纳兰性德的人生轨迹,也改变了他的人生信仰。他从一个执著儒家经典的读书人,变成一个痴迷于佛经的伤心人。他给自己取的别号"楞伽山人"即源自于佛家经典《楞伽经》,其再版的词集被命名为《饮水词》,这饮水一词,亦是来自于佛家的一个典故。

据《黄檗山断际禅师传心法要》记载:"明于言下,忽然默契,便礼拜云:'如人饮水,冷暖自知。'"这就是说,人世间的冷暖甘苦,只有经历过的人才最清楚,种种细微的感受,是很难用语言表述出来的,那是一种无法与人分担和分享的孤独。

《饮水词》除了收录《侧帽词》中的部分作品外,悼亡爱妻的作品在全部词作中占有相当大的篇幅。爱妻卢氏的过早离世对于敏感、

## 第九章 欲说还休愁愁愁

多情的纳兰性德来说,实在是过于沉重的打击。这位生于富贵场中的幸运儿真正尝到了人生的凄苦,他的精神上出现了一条永远不能平复的伤痕。伉俪情深,无以自遣,满腔的哀戚情不自禁地流露于词章,他的创作倾向也就此发生了转变。

> 帘外五更风,消受晓寒时节。刚剩秋衾一半,拥透帘残月。　争教清泪不成冰,好处便轻别。拟把伤离情绪,待晓寒重说。
> 
> ——《好事近》

喜怒哀乐是纳兰性德一个人的事,没有谁能同他共饮这杯闷酒。在凄冷无助的夜里,他独自忧伤,独自彷徨,看月缺残风,饮一世凄凉。

不能和所爱之人结合成为他一生的憾事。这个创伤长期折磨着纳兰性德,较亡妻之痛更难弥合。这种情感在其词章里也屡有流露。

长情之人,必是不快乐的。

因为他的心里装了太多的伤痛,难以抚平,更难以忘怀。

> 燕归花谢,早因循、又过清明。是一般风景,两样心情。犹记碧桃影里、誓三生。　乌丝阑纸娇红篆,历历春星。道休孤密约,鉴取深盟。语罢一丝香露、湿银屏。
> 
> ——《红窗月》

生离死别不是每个人都能坦然释怀的。遥想当初的快乐时光，历历犹在眼前，而今风景依旧，物是人非，怎能不生伤离之哀叹？

如今流传下来的纳兰词也多以伤感为主，其中反映了当时的社会环境和人文生活，展现了纳兰性德思想感情的变化，不过富丽堂皇、绮罗香泽的生活描写在《饮水词》中并不多见，大约不过三四首。

在文学著作方面，除了《饮水词》，纳兰性德还在鞍马扈从之余考订、编辑了《大易集义粹言》八十卷、《陈氏礼记集说补正》三十八卷，编选了《今词初集》《名家绝句钞》《全唐诗选》等书。笔力惊人，着实令人赞叹。

## 父命弦再续

富贵荣华妨碍了爱情的自由,纳兰性德没有像贾宝玉一样试图冲破樊篱,也不具备曹雪芹那样为封建社会唱挽歌的条件。他是皇家的侍卫、权臣的公子,终究逃不脱社会、家庭的安排,只能把自己的难言之痛写入词章,对社会、权势略表郁抱与幽怨。这些内容在他的诗词中含蓄沉着,深厚凄恻,也格外感人。

如果天底下有完美的婚姻,那应该是纳兰性德和卢氏的样子:一个风流倜傥,一片痴情;一个才貌双全,温柔贤淑。就连纳兰性德自己也满足地用"一生一代一双人"来形容。可以说,二人是天造地设的神仙眷侣。

可这段婚姻只持续了三年,卢氏便过世了。纳兰性德是甘愿沉醉在对卢氏的思念中长久不醒的。但他的父亲纳兰明珠却不能任凭儿子就这样为一个女人沉沦下去。古人常言"大丈夫何患无妻",更何况是纳兰性德这样出类拔萃的大丈夫。

觉罗氏对儿子说:"我看选个中意的姑娘续弦吧,不仅能服侍你,还能照顾富尔敦,不然怎么能行?"纳兰性德脸上没有一点表情,不说续弦,也不说不续弦。见儿子不言语,觉罗氏寻思儿子的心情不好,决定过些日子再提这件事。

但没过多久,这件事就提上了日程,可纳兰性德却没有太大的兴趣。人生的两次真爱都无疾而终,他怎么还会有心力再去爱人。他倍感凄凉,那颗曾经为爱而生的炽热的心,已经变得没有温度。

但在那个时候,婚姻都是父母之命,纳兰性德自然也不能例外,他又是个至孝的儿子。况且,堂堂明珠府的大公子丧妻之后怎能不续弦?于是,在纳兰明珠的强行安排下,纳兰性德与官氏定下了婚约,官氏乃光禄大夫、少保、一等公朴尔普之女,温柔贤淑,是大家闺秀,亦为名门之后,明珠府的人都很满意。

纳兰性德最终于康熙十九年(1680年)迎娶了官氏。成亲之日,贺喜的人几乎踏破了明珠府的门槛,人们都觉得这是一个门当户对的好亲事。婚宴之上,高朋满座,笑逐颜开,但婚宴的主角纳兰性德却满心悲戚,丝毫没有喜悦之感。他不知道在红盖头底下的那个女子会是什么样子,如果自己无法爱上她,今后如何共处?如果自己爱上她,会不会再次面对失去?

但无论纳兰性德有何种担忧,他的婚姻生活还是再次展开了。虽然与官氏相敬如宾,相安无事,但一如他所料,两人之间就是缺少了那么一点心动。每每与官氏独处之时,纳兰性德总是免不了会想到卢氏,可眼前的一切早已物事人非了。

## 第九章 欲说还休愁愁愁

> 晚秋却胜春天好,情在冷香深处。朱楼六扇小屏山,寂寞几分尘土。虬尾烟销,人梦觉、碎虫零杵。便强说欢娱,总是无憀心绪。　　转忆当年,消受尽,皓腕红萸,嫣然一顾。如今何事,向禅榻茶烟,怕歌愁舞。玉粟寒生,且领略、月明清露。叹此际凄凉,何必更、满城风雨。
>
> ——《御带花·重九夜》

深秋季节的景致要比春天更美好,无限风情尽在秋日的花香深处。小楼的屏风已落上些许微尘,无人打扫。盘香烟消,孤独的人被窗外传来的虫鸣声和捣衣声惊醒,再难成眠。即使强颜欢笑,那百无聊赖的心绪也难以消减。

记得当年重阳佳节,有爱妻相伴身旁,她手握一把茱萸,嫣然一笑,至今魂牵梦绕。如今斯人已逝,事过境迁,自己也进入了"怕歌愁舞懒逢迎"的时节,只能在禅榻用茶烟消磨风雨。前人曾用"满城风雨近重阳"说尽恓惶,而现在,不需要满城风雨,纳兰性德已经无法承受这凄凉。

侯方域在《梅宣城诗序》中写道:"'昔年别君秦淮楼,冷香摇落桂华秋。'冷香者,余栖金陵所狭斜游者也。""冷香"有一种说法,指女人香。在《红楼梦》第八回中,宝玉与宝钗比识通灵,与宝钗坐得近了,"只闻见一阵阵凉森甜丝丝的幽香,竟不知系何香气。"宝钗身上的冷香洋溢着中医文化的神秘氤氲气息,为宝钗之美点染了浪漫玄幻的色彩。

在纳兰性德的印象中,妻子卢氏的气息似乎就是这般带着凉意的甜蜜。除了这首《御带花》,他在一首《台城路·塞外七夕》中也用冷香代指自己的妻子卢氏:"羁栖良苦,算未抵空房,冷香啼曙。"萦绕这样神秘幽艳香气的女子,该是怎样的可人?难怪纳兰性德魂牵梦绕,任凭新人在侧,但不论时光在脑海中怎样反复冲刷,他依然记得当年的"皓腕红芙,嫣然一顾"。

当年与卢氏嬉戏欢愉的小楼,如今盛满的不再是欢快的笑声,而是沉重的寂静。没有了爱妻的陪伴,人世繁华也褪去了光彩。

谢却荼蘼,一片月明如水。篆香消,犹未睡,早鸦啼。
嫩寒无赖罗衣薄,休傍阑干角。最愁人,灯欲落,雁还飞。

——《酒泉子》

一个夏初的夜晚,繁盛的荼蘼花已经凋落殆尽。窗外,一片如水的月光倾泻而下。纳兰性德独立窗前,思念着亡妻,呆呆地望着月色出神。此处的荼蘼,被赋予了一层伤感的情绪,包含了对时光流逝、青春虚度的感叹。天渐晓,篆香殆尽,可他却仍然难以入眠。单薄的罗衣难以抵挡的,不只是初夏早晨的轻寒,更是孤寂之心的凄寒。

晚妆欲罢,更把纤眉临镜画。准待分明,和雨和烟两不胜。 莫教星替,守取团圆终必遂。此夜红楼,天上人间一样愁。

——《减字木兰花·新月》

晚妆梳罢,又手执画笔。镜中,她的纤纤柳眉正如窗外的一弯新月。回首天边,那轮新月在烟雨之中显得朦胧、凄迷,令人不胜怅然。

在古代诗词中,月亮的隐没,还有一个特殊的象征,就是表示妻子去世。李商隐在《李夫人三首》之一中写道:"惭愧白茅人,月没教星替。"李商隐的妻子王氏去世后,朋友觉得他一个人寂寞又可怜,就想给他做媒,将一位姓张的美貌歌妓嫁给他为妾,他婉言谢绝了朋友好意。

纳兰性德的"莫教星替"和李商隐的"月没教星替"实为同意。月亮虽然隐没了,但他不想让星星来代替。月亮指的是自己的爱妻,星星代指其他女子,虽然妻子已经去世,但无论哪个女子都无法代替她在自己心中的位置。

关于续弦之后的婚姻生活,纳兰性德在他的诗词中只字未提,可见她的出现与否,都与他的生命无法并轨。

愁痕满地无人省,露湿琅玕影。闲阶小立倍荒凉。还剩旧时月色在潇湘。　　薄情转是多情累,曲曲柔肠碎。红笺向壁字模糊,忆共灯前呵手为伊书。

——《虞美人·秋夕信步》

随着时间的流逝，一切都褪去了昔日的光彩，就连伊人所写的书信，字迹也变得模糊起来。可当初在灯前呵着热气暖手，为妻子写字的画面还是那样清晰。这无人能够理解的愁绪像落叶一样撒满在地，露水打湿了竹叶的影子，纳兰性德孤身一人站在空荡的台阶上，回想着令他柔肠寸断的曾经，只叹自己不是薄情寡义之人，才会因多情而心累。

官氏进了明珠府后，一直都很守妇道，对待纳兰性德和孩子也很好，她是满族人，在诗词歌赋方面无法像卢氏一样与纳兰性德两相唱和。官氏的父亲曾任内大臣和领侍卫内大臣，是纳兰性德的顶头上司。生活上，夫妻二人算不上志趣相投；工作上，纳兰性德还要受到官氏父亲的监管。因此，两人的感情平平淡淡，更像是一种亲情，而非爱情。

甚至于在纳兰性德去世后，官氏没多久就脱离了纳兰家族，大归娘家，另嫁他人。

由于官氏的"大归"，徐乾学在其编纂的《通志堂集》中，特别删除了官氏的家族信息。而在纳兰性德的神道碑中，更是未提官氏家族一字，甚至在乾隆年间对纳兰性德及其夫人的追封中，官氏也再一次被省略了。

| 第九章 | 欲说还休愁愁愁

## 一言九鼎人

岁月，淹没不了的是真情！时间，带不走的是朋友！

纳兰性德虽为富家子，但讲义气，多抱负，在看了顾贞观给好友吴兆骞写的两首《金缕曲》后，为世间还有这样的情谊而深受感动。

寄吴汉槎宁古塔，以词代书，时丙辰冬寓京师千佛寺，冰雪中作。

其一

季子平安否？便归来，平生万事，那堪回首。行路悠悠谁慰藉。母老家贫子幼。记不起、从前杯酒。魑魅搏人应见惯，总输他、覆雨翻云手。冰与雪，周旋久。　　泪痕莫滴牛衣透。数天涯、依然骨肉，几家能够。比似红颜多命薄，更不知今还有。只绝塞、苦寒难受。廿载包胥承一诺，盼乌头、马角终相救。置此札，兄怀袖。

其二

我亦飘零久。十年来、深恩负尽，死生师友。宿昔齐名非忝窃，只看杜陵穷瘦。曾不减，夜郎僝僽。薄命长辞知己别，问人生，到此凄凉否？千万恨，为兄剖。　　兄生辛未吾丁丑。共些事、冰霜摧折，早衰蒲柳。词赋从今须少作，留取心魂相守。但愿得、河清人寿。归日急翻行戍稿，把空名、料理传身后。言不尽，观顿首。

——《金缕曲》

在第一首词中，顾贞观问候了在黑龙江宁古塔流放的吴兆骞，关心他近来是否平安，并从他的角度出发倾诉痛苦。说好友即便回来，回首那些悲伤的往事，也难以令人承受。如今家贫子幼，昔日里朋友的文酒之会，杯酒相欢，不要说现在不会有，就连过去的记忆也消失了，令人伤心。一些"魑魅搏人"的事已经司空见惯，正直的人总是输在翻云覆雨的小人之手。这里的"魑魅搏人"是指清朝文字狱频繁，文人往往转喉触讳。好友吴兆骞是朝廷谪戍的，这里既要同情兆骞，又要回避触犯朝廷，只能笼统地这样解说，这在当时已经算是大胆的了。

伫立在京师的风雪之中，顾贞观想到吴兆骞在塞外与冰雪周旋，一过就是多年，十分难过。但他希望友人不要被痛苦所摧垮，并与友人说虽然远在关外，却还能牛衣对泣，骨肉团聚，这比骨肉分散的还好些。有才能者往往命途多舛，古今一辙。这样退一步想，也就得些

## 第九章 欲说还休愁愁愁

宽慰。

顾贞观在词中表示,不管有多大困难,一定要救他回来。这封信请吴兆骞作为凭证保存,以表达生死不离的友情,感人肺腑,催人泪下。

在第二首词中,顾贞观从自身的角度发出,表示他自己也是流浪了很久的人。"深恩负尽""生死师友",句句沉痛。以李白比吴兆骞,李白曾被长流夜邹,可比吴兆骞之谪戍宁古塔。"侪傺"是指愁苦和烦恼。顾贞观自己虽然没有谪戍,却和吴兆骞一样痛苦,备受折磨。

顾贞观的夫人已经去世,此时他又与知己吴兆骞分离,试问人生在世,到这步田地是否凄凉?从辛未、丁丑到作此词时,顾贞观和吴兆骞都已年过四十,身体都因受到摧残而早衰。因此,应多注意保重身体,希望当朝皇帝施恩,能让吴兆骞回到家乡,过上安定的生活,终其天年。被流放后,吴兆骞的诗歌增添了许多悲壮与苍凉,为人传诵。顾贞观表示待友人回来后定要将这些诗篇整理成稿传于后人。

可以说,这是顾贞观为自己好友吴兆骞哀鸣而作的两首词。

原来,在顺治十四年(1657年)发生了一场科考舞弊案,就是清初著名的顺治丁酉科场案。那一年,在江南举行的乡试中,因为有人贿赂主考官,营私舞弊者众多。事情败露以后,一时间舆论哗然,朝廷震怒。

顺治帝命令将这一科江南乡试的举人,全部押送到京城,参加他在太和殿亲自主持的复试。吴兆骞就在这批中试的举人中。

吴兆骞，字汉槎，吴江人，少时颖异不凡，九岁即能作《胆赋》，十岁写《京都赋》，见者惊异。

吴兆骞并没有参与作弊。可是他生性胆小，平生第一次面见皇帝，复试之地又有持刀的武士守卫，致使他过于紧张，就连笔都拿不稳，结果在规定的时辰内未能答完考卷。

顺治帝见到那份没有答完的试卷后认定吴兆骞是个欺世盗名的家伙，于是将他当作舞弊人员，杖打四十大板，没收全部家产，父母、妻子、兄弟都被流放到黑龙江的宁古塔。

当时，其他在丁酉科场案中的舞弊者不是被判死罪，就是被流放关外。清廷借着这次丁酉科场案大兴文字狱，同时大面积打击江南文人，使得一大批无辜的人被牵连，成为这起冤假错案的牺牲品。

吴兆骞在宁古塔的生活异常艰苦，气候严寒且没有栖身之所。长期生活在江南的人，如何受得了这样的艰苦。顺治十八年（1661年），吴兆骞在《上父母书》中说："宁古寒苦天下所无，自春初到四月中旬，大风如雷鸣电激咫尺皆迷，五月至七月阴雨接连，八月中旬即下大雪，九月初河水尽冻。雪才到地即成坚冰，一望千里皆茫茫白雪。"

为了生存，吴兆骞以教书为业。这样的生活经历让他变得更加坚强，他继续创作诗文，文章越写越有气势，逐渐成了清初数一数二的诗人。

顾贞观与吴兆骞既是同乡又是好友，顾贞观认识纳兰性德的时候，吴兆骞已被流放近二十年。眼看吴兆骞在苦寒之地受苦，自己却

## 第九章 | 欲说还休愁愁愁

无能为力，顾贞观心中自然难过。纳兰性德被顾贞观为了朋友而不惜牺牲自己的精神所打动，看到顾贞观写的两首《金缕曲》，感到字字血泪，当即便做出帮忙的决定。他身为朝廷官员，深知赦免吴兆骞事关重大，需要从长计议。为了安慰顾贞观，他恳切地说道："河梁生别之诗，山阳死友之传，得此而三。此事三千六百日中，弟当以身任之，不俟兄再嘱之。"

纳兰性德愿以十年为期来营救吴兆骞，可顾贞观却焦急万分。他道："人寿几何，请以五载为期。"纳兰性德知道好友心急，也只能勉为其难应允下来。

不过此事确实棘手，他答应顾贞观用十年的时间来救人，可见不是立即就可以办到的事。其中有两个障碍：一是丁酉科场案是顺治帝处理的案件，康熙是他的儿子，不可能轻易否定自己父亲的所作所为；二是此案打击的是江南士子。顺治末年，"通海案""江南奏销案""哭庙案""庄廷鑨明史案"都是清人入关实行"异族统治"必然的结果，即所谓"朝廷有意与世家有力者为难，以威劫江南人也"。

思来想去，纳兰性德决定去央求父亲纳兰明珠。纳兰明珠对官场的风向一向把握得很准，虽然朝廷里有不同派系的政治斗争，但他总能看得见"风云气色"，为人处事极为谨慎，也不给旁人落下把柄。他本来也是这样教导纳兰性德的，可至情至性的儿子常常不听劝告，总是让他失望。虽然对儿子一向宠溺，但这次救吴兆骞的事非同小可，弄不好全家都会受到牵连。

纳兰性德也没有更好的办法,见父亲不同意,就带着顾贞观再三央求。

但有计有谋的纳兰明珠没有让儿子失望,他把这件事放在心上,一直等待机会。直到康熙帝派遣侍臣祭祀长白山,纳兰明珠觉得时机到了。

他急忙派人通知吴兆骞,让他写一篇长达数千言的《长白山赋》(长白山的北边与宁古塔相连,是满族的发祥地),这也是篇歌颂大清山河的献媚文。此文通过纳兰明珠暗中传递,呈到了康熙帝面前。

长白雄东北,嵯峨俯塞州。迥临泛海曙,独峙大荒秋。
白雪横千嶂,青天泻二流。登封如可作,应待翠华游。

——《长白山》

康熙皇帝看了这篇《长白山赋》后,果然龙颜大悦。询问写作者何人,纳兰明珠见准时机,赶紧迎上前去把吴兆骞的情况详细禀明,并请求皇帝下旨为他平反。

康熙虽然同情吴兆骞的遭遇,但宁古塔流放的人员很多,且其中无辜蒙冤的人也不少。如果为他们平反,无异于是打了自己父亲一巴掌,所以康熙皇帝还是回绝了纳兰明珠的请求。

但纳兰性德却并没有就此放弃。康熙二十年(1681年),事情出现了转机。当时三藩叛乱已经平息,康熙皇帝经过一番思考,一改以往打压的态度,开始对汉人采取笼络的政策。纳兰性德、徐乾学、顾

## 第九章 欲说还休愁愁愁

贞观等友人经过诸多努力,最终酬得两千银两,以认修内务府工程的名义,将吴兆骞赎罪放还。从顾贞观求纳兰性德帮助救吴兆骞开始,直至吴兆骞接到还乡诏书,整整间隔了五年时间。

> 洒尽无端泪,莫因他、琼楼寂寞,误来人世。信道痴儿多厚福,谁遣偏生明慧。莫更著、浮名相累。仕宦何妨如断梗,只那将、声影供群吠。天欲问,且休矣。　　情深我自判憔悴。转丁宁、香怜易爇,玉怜轻碎。羡杀软红尘里客,一味醉生梦死。歌与哭、任猜何意。绝塞生还吴季子,算眼前、此外皆闲事。知我者,梁汾耳。
> 
> ——《金缕曲·简梁汾》

这首词作于吴兆骞从流放地宁古塔归来之后。纳兰性德劝说顾贞观不要为吴兆骞之事而激愤难平,又叮嘱其要达观自爱。词作中也抒发了自己对朝廷的担忧和对现实的不满。他觉得仕宦不利,命多坎坷,未得朝廷重用,是错来人世一遭。如果痴儿多厚福的说法是真的,老天为何还要生出那么多的聪明人来?

他不想再为世上的浮名所累,仕途为官如同断梗,漂泊无定本不算什么,只有那些诬陷和中伤如同群犬吠,又无法辨别,才令人悲哀,而造成这种遭遇的现实则更是可哀可厌。

吴兆骞回到京城后,徐乾学作有《喜吴汉槎南还》一诗,和诗者众多。其中王士禛句"太息梅村今宿草,不留老眼待君还。"最为人传诵。而后，纳兰性德感吴兆骞久经风霜，担心他生活困窘，便聘其为馆师，教授其弟纳兰揆叙。吴兆骞见此情景，误以为顾贞观没有出什么力，却在其面前表功，因此对顾贞观产生了偏见。

纳兰性德发觉后便当起了"和事佬"。他在顾贞观向父亲求情的地方重宴吴兆骞。吴兆骞看到左边的柱子上写道"顾贞观为吴兆骞饮酒处"，右边的柱子上写道"顾贞观为吴兆骞屈膝处"，甚为惊愕，问其原委才恍然大悟，不禁放声痛哭，知道是自己错怪了顾贞观，遂两人又和好如初。

两年后吴兆骞从京城返回家乡吴江，在友人的资助下，筑屋三间，命名为"归来草堂"。由于他长期在严寒地区生活，已不适应江南水土气候，刚返乡就大病数月，后赴京治疗无效，于次年十月客死京城。

纳兰性德亲自为他操办丧事，并出资送其灵柩回吴江。他对朋友可谓是仁至义尽，有始有终，而他的侠义行为，也被后世传诵为友谊的楷模。清代诗人袁枚在其著作《随园诗话》中对此事赞叹道："呜呼，公子能文，良朋爱友，太傅怜才，真一时佳话。"

## 第十章 再也回不去从前

## 第十章 再也回不去从前

人生若只如初见，何事秋风悲画扇。等闲变却故人心，却道故人心易变！骊山语罢清宵半，泪雨零铃终不怨。何如薄幸锦衣郎，比翼连枝当日愿！

——《木兰花令·拟古决绝词》

假如人生能重头再来一次，他还是会如此坚定地选择她。

把思念当作一碗烈酒，每日他都独自饮下，又独自醉去，这样可以回忆当初的那些美好，在半醉半醒中日日与她重逢，每次却都如初见。

这份爱，有初恋的青涩，有热恋的甜蜜，但也是爱恨交结的开始。一段感情，如果在人的心里分量足够重，那么无论之后经历了哪些变故，曾经的那些美好都会始终历历在目，难以忘怀。

偶然遇见也好，刻意安排也罢，都是姻缘的再现，那样甜蜜温馨，那样深情快乐。对前方若隐若现的风景，他充满期待却又忐忑不安。

可春风十里过后却是冷月无声，雄姿英发过后只能遥想当年，仙葩美玉过后成了镜花水月。本来可以相亲相爱的两个人，何以变成了今日的相离相弃？

人生若只如初见，一切都是那样自然，那样美好，无所挂碍，无所牵绊。可勾绘出来的人生掩盖不了现实的残酷，结局的超乎想象总是让人感到遗憾和哀伤。

| 第十章 | 再也回不去从前

## 江南夜婆娑

卢氏去世后,纳兰性德长期沉浸在压抑痛苦中不能自拔,就在他对自己的爱情几乎万念俱灰的时候,一位女子走进了他的世界,她就是沈宛,这位才貌双全的江南女子,以她特有的温柔温暖着纳兰性德冰冷的情感世界,在他凄楚寒冷的生命中再次点燃了爱的火焰。

康熙二十三年(1684年),康熙皇帝要去南方考察河务、漕运,慰问灾民,观风问俗。于是在九月二十八日率大批侍从离开京城,开始南巡之旅。

作为一等侍卫,纳兰性德自然要扈驾前往,这也是他首次来到江南之地。他的好友顾贞观就是江南无锡人,对于江南的风物,纳兰性德心仪已久,只是身为皇帝侍卫无法抽身前往,现在随康熙下江南正好圆了他的心愿。

他先随康熙帝登泰山,而后车驾驻于郯城红花铺,视察黄淮治理的成果。十月初八,康熙一行到达江苏宿迁,游历江南。看惯了京城之景的纳兰性德觉得江南风景更加雅致有序。

初八月,半镜上青霄。斜倚画阑娇不语,暗移梅影过红桥,裙带北风飘。

——《望江南·咏弦月》

初八的月亮,如同半面妆镜,悬挂天空。她斜靠着雕花的栏杆,娇媚不语,梅花的影子随着月光暗暗移过红桥。北风吹来,裙裾飘飘。

此处以碧空悬半镜喻初八上弦之月,随意着墨之间勾勒出一派清冷素雅的景致。后接倚阑不语的娇人情景,又转而刻画月移梅影的极蕴情味的景象,于平淡之中饶蕴深情。

"红桥"位于瘦西湖南端,是扬州一景,也是纳兰性德向往的江南之处,站在桥上观瘦西湖,景色美不胜收。文人墨客皆好在此凭栏吊古,吟诗赋文。连通两岸的红栏木桥下,荷花飘香,杨柳映色,春夏之际空气中浮动着乐声香气,在这精工雕画的红桥四周形成一种令人沉迷的景色。

康熙三年(1664年),王士祯曾作《冶春绝句》二十首,其中最脍炙人口的一首是:"红桥飞跨水当中,一字栏杆九曲红。日午画船桥下过,衣香人影太匆匆。"其诗作引来了众多唱和者,一时形成"江楼齐唱《冶春》词"的空前盛况。

纳兰性德受其影响,对江南、扬州、红桥心有向往,特作《望江

## 第十章 再也回不去从前

南》一词,其中也暗示他希望在江南之行中,能够遇见一位与其心灵相通的女子,一位能懂他心愁,谓他何忧的知己。

江南之行,纳兰性德十唱江南好,一口气写下了诸多词作。他生性喜爱自然,相对于那毫无自由、处处围绕帝王之命的侍卫生活,这些江南小情趣着实俘获了他那颗感性的心。

伫立于江南的碧湖翠绿间,他自问到底是什么与京城如此不同,使人留恋?抛开以往的惆怅,他的心情带着欣喜与欢愉。要是一直生活于此,岂不是可以躲避开京城的那些烦扰之事?面对江南的美景,纳兰性德对官场愈加感到厌倦。

江南好,何处异京华。香散翠帘多在水,绿残红叶胜于花。无事避风沙。

——《梦江南·其十》

他伴着康熙游天女闸,泛舟高邮湖,醉心于江南山水间。初秋天高气爽,此时的江南,散去了梅雨季节的阴霾,洗去了盛夏的燥热,天地间一片纯净安宁。江南之秋不似京城,地上没有细细碎碎的槐花,也少有顽皮的鸽哨略过。

在江南,可以在茶楼中笑看世间百态,在石桥小屋里静听小桥流水。那环绕着城的水,眷恋着水的桥,依偎着桥的绿柳青枝,层层萦绕着,叠出一池秋韵。

在这里,无须追求繁华富贵,没有欲望吞噬人间,不见辉煌的金殿,也没有高高的宫墙,因此也少了些许被围困的感觉。纳兰性德眯起眼睛望着眼前的怡红快绿,不知道这里究竟滋养了多少闲云野鹤的人物,他们耐不得朝野的那些俗事,耐不得黑白颠倒的盲眼,索性躲入小桥下、阁楼中,从此不问春夏与秋冬。

十月二十二日,康熙乘船从桃源县过清河,一路到达宝应,再向南至高邮等处到达扬州。这块宝地,历代总少不了文人墨客吟诗作赋,它清雅不俗的景色和湿润宜人的气候,似乎总能让人遐想万千。

> 江南好,佳丽数维扬。自是琼花偏得月,那应金粉不兼香。谁与话清凉。
>
> ——《梦江南·其七》

扬州最为人称道的景物,一是琼花,二是月色。琼花有着独特的风韵,自古以来有许多名流之士对它爱不释手。传说隋炀帝开凿大运河的原因之一就是为了要到扬州赏琼花,欧阳修任太守时曾在琼花观内题下"无双亭",北宋的仁宗皇帝曾把琼花移到汴京御花园中,谁知次年即萎,只得送还扬州。而让扬州的月色享有盛名的是"二十四桥明月夜,玉人何处教吹箫。""天下三分明月夜,二分无赖是扬州。""霜落寒空月上楼,月中歌吹满扬州。"等诗句。

扬州的月色夹着芳香,使纳兰性德陶醉其中。可在这金粉兼香之地,却无人共赋几曲,对吟几句,实在有些寂寥。于是他在美景之中发出"谁与话清凉"的感叹。

## 第十章 再也回不去从前

花前月下,美人何处?一个人的欢愉,哪能称得上欢愉?一个人独赏这和风、明月、琼花的景致,真是无处话寂聊。遇此美景,偏偏身边无一知己。

此次下江南前,纳兰性德已提前书信与顾贞观,希望能见上一面,但不知顾贞观收到信没有,途中的纳兰性德一直为无法收到回信而遗憾。

他在信中说:"吾哥所识,天海风涛之人,未审可以晤对对否?弟胸中块垒,非酒可浇,庶几得慧心人,以晤言消之而已。沦落之余,久欲葬身柔乡,不知得如鄙人之愿否耳?"

纳兰性德经过打听得知江南才女沈宛善填词,著有《选梦词》。虽仅有聊聊几首,但纳兰性德阅过后,觉得她的词情致缠绵,凄婉动人,颇有知音之感,因此他在给顾贞观的信中说:"又闻琴川沈姓,有女颇佳,亦望吾哥略为留意。愿言缕缕,嗣之再邮。不尽。鹅梨顿首。"琴川是江苏常熟的别称,而常熟到无锡也不过六十里路,两地距离非常近,因此纳兰性德请顾贞观帮忙。

接下去的几日,纳兰性德心中藏着这个不可与人说的秘密,急切地盼望着能与顾贞观在无锡相见。

江南好,铁瓮古南徐。立马江山千里目,射蛟风雨百灵趋。北顾更踌躇。

——《梦江南·其八》

随后,康熙一行人乘御舟至"南徐","南徐"是中国古代州名,即今江苏镇江市。至此,纳兰性德看到了铁瓮城,这是位于北固山前的一座古城,乃三国时期孙权所建。古城气势恢宏,俨然王城格局,如今虽然繁华已褪,但旧时巍峨之貌依稀可见。加之有三国时期"甘露寺刘备招亲"的故事,因此,古往今来有很多文人墨客登临北固山吟诗作赋,苏东坡、沈括、米芾、陆游、辛弃疾等都在此留下了传颂千古的诗词。

康熙南巡至镇江的行宫就建于甘露寺。登上多景楼,可观长江波澜壮阔,西望金山,东见焦山。而东面的祭江亭是当年孙尚香听闻刘备过世后投江自尽的地方。面对此情此景,纳兰性德只用"立马江山千里目,射蛟风雨百灵趋"寥寥数语,便将古今之比淋漓酣畅地抒发出来,沉郁含蓄,说尽了吊古伤今的感慨。

江南好,一片妙高云。砚北峰峦米外史,屏间楼阁李将军。金碧矗斜曛。

——《梦江南·其九》

南巡的一路上,锦山绣水,舞榭歌台,雕梁画栋,古木修篁,观不完的景致,赏不尽的古迹。纳兰性德来到金山寺(当时还叫龙禅寺),他早就听严绳孙讲过"焦山山裹寺,金山寺裹山",如今一见果然名不虚传。金山寺依山而建,由山脚望去,只见亭台林立却不见山的踪影。

## 第十章 再也回不去从前

纳兰性德立于妙高台上，俯视全景，内心充满感叹。

"一片妙高云"是指镇江境内的妙高山，即如今的天柱峰，三面峭壁，近峦远岗，松涛盈耳。最为有名的当属四周缭绕的云雾，终年不散，如仙境一般。妙高台下湖嵌峰间，楼阁坠设。夕阳西下，余晖斜照，光线映衬着水雾，落于四周楼宇亭台之上，江南大地好似泛起了金光。

纳兰性德想到了宋人米芾和唐代画家李思训。米芾，别号海岳外史，一生官阶不高，是一个有真才实学的人，不善官场逢迎，为人有些清高，但这反而为他赢得了很多的时间和精力来玩石赏砚，钻研书画艺术。米芾对艺术的追求到了如痴如醉的境地，他是常人眼中的怪人、狂人，并不被人理解。

李思训，世称"大李将军"，善画山水楼阁、佛道花木，尤以金碧山水著称。他多描绘富丽堂皇的宫殿和奇异秀丽的山川，还有一些结合神仙题材创造出来的理想山水画境。反映了贵族阶层的审美趣味和生活理想，因受当时社会矛盾和文人隐居的影响，作品有一种出世情调。

纳兰性德透过这两位君子般的人物，想到了自己对宦海沉浮无法接受甚至心怀抵触的心境。他虽处于一个官僚围绕的环境里，但一直保持一种为人清净、不融于世俗、不跟其父攀权附贵的状态，只是沉溺于自己的填词作赋之中，与友人相伴，与爱人相知。

面对此时清丽的江南之景，纳兰性德不禁幻想起自己辞官之后的恬淡生活，早起男耕女织，暮晚炊烟袅袅……

此时，平凡的百姓生活，竟成了纳兰性德的渴望之事。

　　江南好，虎阜晚秋天。山水总归诗格秀，笙萧恰称语音圆。谁在木兰船。

——《梦江南·其四》

所谓"上有天堂，下有苏杭。"康熙此次南巡最远到达苏州。

离江南越近，就越能感受到其独有的氤氲之气。这里的山山水水，总是显得格外多情。那吴侬软语伴着江上薄雾里的笙箫之音，是人与景的调和，诗情画意，别有情调。

对于纳兰性德来说，来到这样的秀丽之所，才真切体会到了"柔美"之意。远山近水，粉黛佳人。这是画家无法描摹的惬意，是词人无法抒写的柔情。

## 可奈今生殇

越好的景色,越容易激发纳兰性德内心无以言说的感伤。纵有万般风情,更与谁人分享?

只一炉烟,一窗月,断送朱颜如许。韶光犹在眼,怪无端吹上,几分尘土。手捻残枝,沉吟往事,浑似前生无据。鳞鸿凭谁寄,想天涯只影,凄风苦雨。便研损吴绫,啼沾蜀纸,有谁同赋。 当时不是错,好花月、合受天公妒。准拟倩、春归燕子,说与从头,争教他、会人言语。万一离魂遇,偏梦被、冷香萦住。刚听得、城头鼓。相思何益?待把来生祝取。慧业相同一处。

——《大酺·寄梁汾》

纳兰性德对顾贞观思念甚切,几度赋诗词寄赠。那时,他还未随康熙出发南巡，终日对着烟、月无聊孤寂，思怀着往日交游之事，期盼早日能与好友相聚。

当纳兰性德得知康熙南巡的安排后，便立即兴奋地写信告诉顾贞观，盼望他们两人能在夏秋之交于江南见面。

他的愿望实现了，而且，他拜托顾贞观寻找的沈姓女子也已找到。

江南好，真个到梁溪。一幅云林高士画，数行泉石故人题。还似梦游非。

——《梦江南·其五》

康熙南巡至苏州府时，纳兰性德专程拜访了顾贞观，也见到了才貌双全的沈宛。这一见，便惊为天人。

沈宛生于康熙七年（1668年），传言其父是江南名儒沈一师。沈宛自幼随父研读诗书，经史子集，无一不通。她心思博雅，秀外慧中，是闻名江南的才女。

在好友顾贞观的帮助下，纳兰性德见到了沈宛。初见的瞬间，纳兰性德便心神惊动，无法安宁。那一幕犹如烙印般刻入他的灵魂深处，仿佛前世的情缘，今生注定要再续。

未得长无谓，竟须将、银河亲挽，普天一洗。麟阁才教留粉本，大笑拂衣归矣。如斯者、古今能几？有限好春无限

## 第十章 再也回不去从前

恨,没来由、短尽英雄气。暂觅个,柔乡避。　东君轻薄知何意。尽年年、愁红惨绿,添人憔悴。两鬓飘萧容易白,错把韶华虚费。便决计、疏狂休悔。但有玉人常照眼,向名花、美酒拼沉醉。天下事,公等在。

——《金缕曲》

词中,纳兰性德说自己曾经壮志豪情,企盼多一番事业,然后功成身退,留名青史。只可惜这样的事情从古到今都没有几个。

这首词应该是纳兰性德见到沈宛后不久所作,即康熙二十三年(1684年)。这一年,纳兰性德三十岁,是风华正茂的年纪,可是他却说自己已经两鬓斑白,光阴虚度。

见到沈宛之后,纳兰性德仿佛突然顿悟,感觉自己已经错过了许多美好时光,现在应当有所决断。从此以后,不再管那些条条框框的制约,也无须在意那些世俗的偏见,只要有玉人相伴,名花照眼,日日沉醉亦心甘。

沈宛的出现,再一次点燃了纳兰性德的激情,这一次,他想用自己全部的意志再去爱一次。

沈宛对纳兰性德自然也是心存仰慕,那些凄婉动人的词,早就深深地打动了多情的沈宛。而纳兰性德也对沈宛寄予了很高的期望,在他感情无依无靠的时候,将沈宛之情作为自己爱情的栖息之所。他认定沈宛就是他的温柔乡。江南的旖旎风光,便是两个人爱情的见证。

江南好，水是二泉清。味永出山那得浊，名高有锡更谁争。何必让中泠。

——《梦江南·其六》

这是纳兰性德在好友顾贞观居所，游览惠山时写的词。"二泉"即为天下第二泉——惠泉。这里的泉水清澈，适合煎茶。周秦时代，此处山峰盛产铅锡，后因锡矿被采尽而被称为"无锡"。

纳兰性德对惠山的泉水特别有感，他认为此泉水天下无双，无论在山抑或出山，都是清澈的，不受污染，不变浑浊，就像他身浮官海，不愿被俗世之欲吞噬一般，略有"众人皆醉我独醒"之意。他还由此告诫人们，独醒之痛实在难忍。

自与沈宛相遇后，纳兰性德便坚定了日后辞官隐退的想法。但首先，他要恳请好友顾贞观送沈宛北上入京。

康熙南巡，十月底自无锡、丹阳由陆路经句容，直至十一月初一到达南京。

江南好，城阙尚嵯峨。故物陵前惟石马，遗踪陌上有铜驼。玉树夜深歌。

——《梦江南·其二》

嵯峨的宫阙、惨淡的皇陵、消歇的街市，让纳兰性德生出许多的感叹。

## 第十章 再也回不去从前

眼前这巍峨的城墙目睹了时代的更迭变迁、王朝的兴盛衰落,还没来得及回望,就被岁月掩盖。谁又会知道,现在兴盛的王朝会在什么时候就像以往的朝代一样,被后人颠覆。

> 江南好,建业旧长安。紫盖忽临双鹢渡,翠华争拥六龙看。雄丽却高寒。
>
> ——《梦江南·其一》

词中歌咏建业(南京)的雄丽,但又说它是旧长安,繁华早谢,纵然是皇帝宸游,盛况空前,却仍生起"高寒"之叹。

南京作为旧朝古都,有夫子庙的琅琅书声,有秦淮河上的莺歌燕舞,有帝王将相麾下的金戈铁马,也有文人墨客胸中的家国情怀。

著名的燕子矶就坐落于城郊的直渎山上,山石兀立于江面,三面临空,如燕子展翅一般。纳兰性德扈从康熙皇帝在此泊舟览景,不禁联想到当年陈子昂登幽州台时前不见古人,后不见来者,独怆然而涕下的情景。

乌衣巷中王谢两家的堂前燕,想来也是在这里徘徊。秦淮河上的灯影明明灭灭,像时光的流逝。而现在,燕子依旧,故都已物是人非。

> 江南好,怀古意谁传。燕子矶头红蓼月,乌衣巷口绿杨烟。风景忆当年。
>
> ——《梦江南·其三》

这里，纳兰性德借"燕子矶""乌衣巷"等历史遗迹，发吊古之情，同时也暗透伤今之意。

此次江南之行，纳兰性德还有一个收获，就是拜访了曹寅。

由于《红楼梦》的缘故，后人经常拿纳兰家族和曹氏家族进行对比，发现两家确实有一些相似和交集。

纳兰家族和曹氏家族都是官僚世家。纳兰家不但是地道的贵族，在血缘上也与皇族有着复杂的关系。而曹家祖上是明朝辽东驻军军官，后降清改籍，入包衣列，属帝王家臣。曹寅的生母曾是康熙皇帝的乳母，曹寅也曾当过皇帝侍读，二十多岁时做过御前侍卫，其间与纳兰性德交集甚多。二人同时扈从康熙巡边出塞，更有同题吟咏的经历。如纳兰性德诗中咏《柳条边》，曹寅词中亦有《疏影·柳条边望月》；纳兰性德有词《青玉案·宿乌龙江》，曹寅亦有《满江红·乌龙江看雨》。

此次相见，时任江宁织造的曹寅与随康熙南巡驻跸织造署的纳兰性德同样少不了诗词交往。现今流传下来的有纳兰性德的词作《满江红·为曹子清题其先人所构楝亭，亭在金陵署中》，以及《曹司空手植树记》一文。

纳兰性德和曹寅都极富文采。一个是满洲贵族通过发奋勤学，加入到中原主流文化的行列；另一个是祖代家风，把成熟汉学带入满清皇朝。可以说，他们是从两个不同的角度促进了满汉文化的融合。

| 第十章 | 再也回不去从前

## 无尘绝缘去

在纳兰性德的心中,物质上的东西从始至终都算不上重要,甚至可以说是可有可无。他唯一真心想拥有的,就是一份真情真意,一个能够与自己冷暖相依、心意相通的红颜知己。

刚过三十岁的纳兰性德,终于迎来了自己的明媚春日。

在一处安静的别院里,纳兰性德为刚到京城的沈宛安排了住处。从此,才子佳人开始了神仙眷侣般的厮守。他以为已经干涸无望的生命,会因沈宛的出现而变得生机勃勃起来。

纳兰性德与沈宛共度了一段短暂而快乐的时光。之前所有的伤心往事渐渐褪去了颜色,那些陈年伤情终于被他锁进了记忆的最深处。这位来自江南水乡的温婉女子,成为了他心中的依靠。

沈宛作为这段时期纳兰性德词作中的女主角,含情脉脉,精致得好像一朵带着露珠的花朵,摇曳风中。这样的女子,任谁都会心动。纳兰性德是幸运的,在经历了情感的磕磕绊绊之后,他终于拥有了属于自己的一份真情实意的爱情。

能够与心爱的人一同畅游天地，平平淡淡地度过余生是纳兰性德的毕生所求。但这看似微不足道的小小心愿却总是那么遥不可及。

完美的开始并没有延伸出圆满的结局，幸福才刚刚崭露头角，问题便接踵而至。

上天似乎不愿让这位多情才子拥有太过如愿的生活。纳兰性德迎娶沈宛的要求，遭到了纳兰明珠的强烈反对。

从此，纳兰性德和沈宛要面对的便不再是纯粹的爱情，而是残酷的现实。沈宛为汉女，且没有旗籍，身份卑微，纵使才华卓绝，也只不过是一个平民女子。而纳兰家是名门望族，纳兰明珠位高权重，他坚决不允许自己的儿子明媒正娶一个身份微贱的汉族女子，从维护家族血统的角度出发，沈宛当小妾都不可以。

纳兰性德不能将沈宛娶进家门，只能将她安置在一处别苑中。沈宛便成了纳兰性德的"外室"，地位甚至比妾还不如。

纳兰性德的人生规划并未如愿，他在江南曾经设想的退隐不过是泡影。他无法冲破层层阻力，也没有反抗自己家族的能力，更谈不上过自由的生活。和沈宛隐退而居的愿望，最终也未能实现。他还是继续在朝为官，继续为他的前程奔波，甚至想要日日与沈宛相见，都是不能。他不当值时要先回明珠府，向父母请安，问候妻子，处理府中杂事等。

这一系列的让步令纳兰性德身心俱疲，他陪伴沈宛的时间寥寥无几。给沈宛安排的那间简陋的安身之所，让纳兰性德的自尊心受到了

## 第十章 再也回不去从前

极大的伤害。他无力改变自己的命运,更无法给自己心爱的女人带来稳定的生活。

在这种情况下,纳兰性德越来越焦虑和憔悴,最终积劳成疾。

> 雁书蝶梦皆成杳。月户云窗人悄悄。记得画楼东。归骢系月中。醒来灯未灭。心事和谁说。只有旧罗裳。偷沾泪两行。
>
> ——《菩萨蛮·忆旧》

这首词为沈宛所作。"画楼"指的是纳兰性德和沈宛同居的地方。

沈宛记得那时纳兰性德每日当值后,还不辞辛劳地骑着马赶来看她,这是她一天中最快乐幸福的时候。

其实,沈宛从未对纳兰性德抱怨过一字一句。但是她的宽容,反而令纳兰性德愈发恼恨自己无法兑现承诺。由于事务繁忙,纳兰性德去见沈宛的日子越来越少,每晚在月光下,她独自翘首企盼,却不见丈夫归来的身影。

也不知有多少次,沈宛在烛光下伏案入睡,半夜被寒气惊醒,却发现烛光依旧,身边仍然空无一人。自己满腹的心事却无人诉说,直到辛酸的泪水滴落,她才发现,这不是自己想要的爱情,也不是纳兰性德当初许诺给她的爱情。

看着心事重重的纳兰性德,她心里知道,是因为自己的介入,才使纳兰性德与他的家人有了隔阂，使他陷入了爱情与家庭的痛苦抉择中。

渐渐地，人生中那些不可言说的复杂滋味一一涌上心头。沈宛是一个通情达理的女子，如果与纳兰性德在一起，要以他每日的痛苦为代价，那么自己就应当放手。于是，她告诉纳兰性德：自己想离开京城一段时间，回江南静养。

这个消息对纳兰性德来说，无疑是一个晴天霹雳。他和沈宛好不容易才走到一起，幸福美满的生活还没来得及享受，为何要轻言离去呢？

沈宛又何尝舍得离去！可是，她看到自己心爱的丈夫日益消瘦，眉眼间的笑意越来越少，她又怎能自私地选择留下。她不愿纳兰性德与父母之间的裂痕越来越大，也不愿见他哀叹度日。与其在痛苦的生活中相守，不如沉浸在幸福的回忆中独自老去。

白玉帐寒夜静。帘幙月明微冷。两地看冰盘。路漫漫。恼杀天边飞雁。不寄慰愁书柬。谁料是归程。

——《一痕沙·望远》

这首词为沈宛所作。当爱情的痛苦一眼看不到尽头时，她带着满身的伤痕回到了江南。

在沈宛离开的日子中，纳兰性德无时无刻不在思念她，这个带给自己无尽希望与甜蜜的女子，而今又为了自己，宁愿舍弃一切，独自

## 第十章 再也回不去从前

离开。对于沈宛,纳兰性德心中有着深深的眷恋和沉沉的歉意。沈宛离开后,纳兰性德一直在努力,他期待有朝一日,他和沈宛能名正言顺地在一起。

但纳兰性德的身体每况愈下,他想前往江南,追回自己和沈宛的爱情,可终究都成了痴想。

> 欹角枕,掩红窗。梦到江南,伊家博山沈水香。浣裙归晚坐思量。轻烟笼浅黛,月茫茫。
>
> ——《遐方怨》

轩窗下,斜靠枕角,幽思沉沉,不知不觉梦魂飘荡。梦中,纳兰性德又一次来到江南,来到沈宛的家中。

傍晚,她从河边洗衣归来,闲坐在窗前,心事满腹。淡淡的雾气升起,笼罩了远处的青山,月光茫茫,就像他们的幸福,虚幻茫然。

其实,他们两人心里都很明白,这一别千山万水,很难再有相见的机会了,分别后的日子,只能是互相在孤独中相思,在时间的流逝中各自衰老。

沈宛回到江南后,发现自己有了身孕,这个发现令她又惊又喜,这个孩子,能否为自己和纳兰性德的将来赢得一丝生机?就在沈宛憧憬着未来的时候,顾贞观却带来了纳兰性德病重的消息。

此时,沈宛腹中的胎儿已经成形,她每日都能感觉到胎动。知道纳兰性德病重的消息后,沈宛十分难过,顾贞观只能安慰她说纳兰性德经过静养之后,定会好转。

随后,顾贞观返回京城,将沈宛在江南的境况一一告诉纳兰性德,还对他说,沈宛已有身孕。这个喜讯让纳兰性德的精神为之一振,他与顾贞观促膝夜谈,沉浸在欢喜之中。

康熙二十四年(1685年)暮春,纳兰性德在明珠府召集好友顾贞观、梁佩兰、姜宸英等人,举行了一次宴会。席间,他们以庭院中两株纳兰性德为爱妻卢氏种下的夜合花,分题歌咏。纳兰性德写下了一首五律。

> 阶前双夜合,枝叶敷华荣。
> 疏密共晴雨,卷舒因晦明。
> 影随筠箔乱,香杂水沉深。
> 对此能销忿,旋移迎小楹。
>
> ——《夜合花》

夜合花在纳兰性德的眼里和心里就如甜蜜的爱情,是夫妻恩爱的象征。他在病重之时还念念不忘那段琴瑟合鸣的美好。

> 谢家庭院残更立,燕宿雕梁。月度银墙,不辨花丛那辨香。 此情已自成追忆,零落鸳鸯。雨歇微凉,十一年前梦一场。
>
> ——《采桑子》

## 第十章 再也回不去从前

好友们的分题歌咏勾起了纳兰性德对爱妻卢氏的无比思念，回望自己过去三十多年里的情和爱，无限感慨，如今还是孤身一人，更无红颜知己为他心忧。

夜过残更，回忆卢氏在世时，共同种下明开夜合花的情景，月下回廊，花丛暗香，何等温馨。然而此情此景已成追忆，现如今，鸳鸯零落，阴阳殊途。昔日往事如潮水般涌上心头，就如做了一场梦。梦中的甜蜜幸福，转眼间化为无奈与忧伤。

有时候，有些人的命运、有些事的发生，冥冥之中自有定数。

纳兰性德忽然感觉到了一丝暖，一滴热泪滴在他的脸上。他睁开眼，看到了院中的明开夜合花和那无数次出现在梦中的熟悉的脸，那是他曾经魂牵梦绕的卢氏。

惆怅彩云飞，碧落知何许。不见合欢花，空倚相思树。
总是别时情，那待分明语。判得最长宵，数尽厌厌雨。

——《生查子》

第二日，纳兰性德便因寒疾一病不起。这一次的病发作得凶猛至极，他闭汗七天后，就在爱妻卢氏祭日那天，溘然长逝。

这位清初第一词人、翩翩相国公子，带着对朋友和爱人的无限眷恋，撒手人寰。

渐行渐远的记忆里，依旧藏着未曾"执子之手，与子偕老"的遗憾。纳兰性德辞世后,沈宛坚强地活了下来,并诞下了孩子,这个遗腹子成为她和纳兰性德爱情的见证。

纳兰性德这一生,只为一个"情"字,对亲人、爱人、朋友,无不真情实意。妻子卢氏只陪伴了他短短三年,但纳兰性德却几乎用了整个余生来怀念她。

"一生一世一双人,半醉半醒半浮生。"流年如水过,红尘影婆娑。时光的背影,悠悠走过,相遇时的美好,一段一段错过的景色,最终也是只影阑珊。面对人生的种种悲喜,纳兰性德的内心充满了无可奈何,他一生重情,最终也为情所累。

正所谓"情深不寿",纳兰性德的生命犹如苍穹中划过的流星,短暂而震撼。

# 附录一 纳兰性德年表

**顺治十一年甲午（1654）**

是年三月十八日，顺治帝第三子玄烨出生，即后来的康熙皇帝。

是年阴历十二月十二日纳兰性德出生，而于公历则为1655年1月19日。

**顺治十二年乙未（1655） 一岁**

**顺治十三年丙申（1656） 二岁**

**顺治十四年丁酉（1657） 三岁**

吴江吴兆骞二十七岁，举乡试。

**顺治十五年戊戌（1658） 四岁**

吴兆骞以丁酉科场案被革举人头衔，自礼部逮捕至刑部。

**顺治十六年己亥（1659） 五岁**

吴兆骞谪戍宁古塔，七月十一抵戍所。

**顺治十七年庚子（1660） 六岁**

清廷下令严禁结社。

**顺治十八年辛丑（1661） 七岁**

正月，世祖顺治崩。康熙（八岁）即位。

**康熙元年壬寅（1662） 八岁**

吴三桂等藩镇势力益增。

**康熙二年癸卯（1663） 九岁**

《明史》案起，康熙朝最严重的文字狱之一。

**康熙三年甲辰（1664） 十岁**

纳兰性德作词《一斛珠·元夜月蚀》。

纳兰明珠升内务府总管。

**康熙四年乙巳（1665） 十一岁**

卢兴祖由广东巡抚升为广东总督。

**康熙五年丙午（1666） 十二岁**

纳兰明珠任弘文院学士，开始参与国政。

顾贞观中举，改任国史院典籍，官至内阁中书。

**康熙六年丁未（1667） 十三岁**

纳兰性德"通六义"。

康熙亲政。

**康熙七年戊申（1668） 十四岁**

纳兰明珠改任刑部尚书。

**康熙八年己酉（1669） 十五岁**

令补鳌拜。

九月，明珠升任都察院左都御史，担任经筵讲官。

**康熙九年庚戌（1670） 十六岁**

徐乾学中进士，授翰林院编修。

**康熙十年辛亥（1671） 十七岁**

纳兰性德入国子监读书。

顾贞观告归。

纳兰明珠改任兵部尚书。

**康熙十一年壬子（1672） 十八岁**

纳兰性德中顺天府乡试举人。

拜谒座师徐乾学。

**康熙十二年癸丑（1673） 十九岁**

纳兰性德因寒疾未与廷试。

撰写《渌水亭杂识》。

捐资刊刻《通志堂经解》。

吴三桂发动叛乱。

**康熙十三年甲寅（1674） 二十岁**

娶卢氏。

纳兰揆叙出生。

纳兰明珠调任吏部尚书。

**康熙十四年乙卯（1675） 二十一岁**

侧室颜氏生长子福格。

闰五月，上幸玉泉山观禾。

八月，上幸南苑行围。

九月，上次昌平，诣明陵，致尊长陵，遣官分尊诸陵。

十月，上谒孝陵。

十二月，康熙立皇太子保成。成德改名性德。

**康熙十五年丙辰（1676） 二十二岁**

正月，上幸南苑行围。

八月，上奉太皇太后幸汤泉，十月还宫。

殿试二甲第七名，赐进士出身。授三等侍卫。

上幸昌平。

《通志堂经解》刊刻完成。

顾贞观经国子监祭酒徐元文推荐，入明珠府中住塾师。纳兰性德与其成为交契笃深的挚友，作《金缕曲》二首赠之。

拟营救吴兆骞。

**康熙十六年丁巳（1677） 二十三岁**

二月，上幸南苑行围，大阅于南苑。

四月，上幸霸州行围。

次子福尔敦出生。

五月三十日卢氏卒。

七月，纳兰明珠任武英殿大学士。

九月，上发京师，谒孝陵，巡近边。

十月，上次汤泉。

**康熙十七年戊午（1678） 二十四岁**

扈从康熙帝赴汤泉、塞外等地巡视。

七月卢氏入葬。

吴三桂死。

**康熙十八年己未（1679） 二十五岁**

初葺茅屋邀顾贞观来京。

《饮水词》《今词初集》刊成。

**康熙十九年庚申（1680） 二十六岁**

正月，上幸巩华城，遣内大臣赐奠昭勋公图赖墓。

二月，上幸南苑。

续娶官氏。

十一月，祀天于圜丘，

**康熙二十年辛酉（1681） 二十七岁**

二月，谒孝陵。

三月，上奉太皇太后幸遵化汤泉。

三藩叛乱平定。

冬吴兆骞归，馆之。

**康熙二十一年壬戌（1682） 二十八岁**

二月，癸巳，上东巡。

三月，上谒福陵、昭陵，驻跸盛京。

奉使觇梭伦。

纳兰明珠晋为太子太师。

**康熙二十二年癸亥（1683） 二十九岁**

二月，上幸五台山。

六月，上奉太皇太后避暑古北口。

九月，上奉太皇太后幸五台山。

十一月，祭告孝陵。巡幸边界。

**康熙二十三年甲子（1684） 三十岁**

正月，上幸南苑行围。

五月，上幸古北口。

九月，上起銮南巡。

与顾贞观相聚，纳沈宛。

十月，吴兆骞卒于京城。

**康熙二十四年乙丑（1685） 三十一岁**

五月三十日，以"寒疾"卒。

冬，沈宛生富森。

**康熙二十五年丙寅（1686）**

葬于京西皂荚屯。

# 附录二　参考书目

[1]苏缨，毛晓雯，夏如意. 纳兰容若词传. 南京：江苏文艺出版社，2009.

[2]纳兰性德. 纳兰词. 北京：中国华侨出版社，2012.

[3]陈韵鹦. 纳兰词传. 长春：吉林出版集团有限责任公司，2013.

[4]凉月满天. 又到西风扑鬓时：纳兰性德传. 南京：江苏凤凰文艺出版社，2017.

[5]朴月. 西风独自凉：词人纳兰. 天津：天津教育出版社，2007.

[6]安意如. 当时只道是寻常. 天津：天津教育出版社，2006.

[7]安意如. 人生若只如初见. 天津：天津教育出版社，2006.

[8]子庄. 左手李煜右手纳兰. 南京：凤凰出版社，2011.

[9]敏君. 许是人间多情恼. 北京：石油工业出版社，2012.

[10]杨雨. 我是人间惆怅客：听杨雨讲纳兰. 北京：中华书局，2012.

[11]和珅,梁国治. 钦定热河志. 天津：天津古籍出版社,2003.

[12]徐尚定. 康熙起居注. 北京：东方出版社,2014.

[13]永瑢,纪昀等. 文渊阁四库全书本. 上海：上海古籍出版社,2003.

[14]阿桂等. 钦定盛京通志：百三十卷本. 沈阳：辽海出版社,1997.

[15]戴逸. 清史研究与避暑山庄. 沈阳：辽宁民族出版社,2005.

[16]中国第一历史档案馆. 清代档案史料丛编（第五辑）. 北京：中华书局,1980.